学校が楽しくなる！

発達が気になる子へのソーシャルスキルの教え方

鴨下賢一◎編著

立石加奈子・中島そのみ◎著

中央法規

はじめに

発達が気になる子どものなかには、学校生活のルールが守れない、友達とトラブルを起こすといった、ソーシャルスキルの獲得がうまくできていない場合があります。それらに対して、叱る、罰を設ける、約束事を決めるなどして対応しますが、それらは短期的な効果をもたらすだけで、なかなか生活場面に汎化されにくいことを経験します。

叱ることは子どもに恐怖心を与えるだけで、根本的な解決になりません。発達の特性を理解し、対応していくことが求められます。そこで本書では、発達が気になる子どもの原因を四つのタイプに分類し、解説しています。項目ごとに示している確認したい事柄は、対応方法の糸口として活用できます。ソーシャルスキルの支援では、子どもの発達特性を把握して合理的な配慮をおこなうだけでなく、生活環境でかかわる人との信頼関係の形成も非常に重要です。信頼関係が成立していないなかでは、どんなに素晴らしい支援内容を実践しても功を奏しません。

また、発達が気になる子どもの多くは、行動の善悪を正しく答えることができますが、その理由を説明できない場合がよくあります。そのため、たとえば約束事を守れなかったら叱るというような対応でなく、「なぜしてよいのか、悪いのか」、「された人はどう思うのか」などを一緒に考えていく経験が非常に重要となります。そのうえで、子ども自身にどのような対応をすべきかについて考えさせ、守れるレベルの約束事を決めます。その際に大切なのは、「それでも約束事が守れそうにない場合にはどうしたらよいか」というところまで決めておくことです。そうすることで失敗体験を減らし、自尊感情の発達を促すことができます。

社会に参加していくために最も大切なことは、自尊感情の発達です。学習、運動、友人関係がすべて完璧にできることでなく、自分の得意不得意を把握し、自己も他者も肯定的にとらえられるような自尊感情の発達が重要です。本書がそのような支援の一助になれば幸いです。

二〇一三年六月　鴨下賢一

目次

2 対人スキル

1 章

発達過程とソーシャルスキルを阻む要因を知ろう

1

集団生活でこんなことに困っていませんか

子どもがはじめて集団生活を経験するのは、多くは保育園や幼稚園ではないでしょうか。それまで親や兄弟姉妹と過ごす家庭生活が中心であった子どもは、集団生活において身のまわりのことは自分でおこない、様々なルールにしたがい、たくさんの人々とやりとりをする場面が多くなります。はじめての環境に適応するにはある程度の時間が必要です。しかし、皆が慣れた時期になっても、なかなか集団生活に適応するのが難しい子どもがいます。集団生活で困ることとしては様々な発達の側面がありますが、ここでは集団生活に適応していくために必要なソーシャルスキルについて詳しくみていきます。

❶集団生活で困る子どもの特徴

三歳児を担当している幼稚園の教諭を対象にした調査によると、手のかかる子どもとして上位にくる項目は、行動上の問題や対人関係の問題が多く挙げられていました。また、公立小学校特別支援教育コーディネーターに対しておこなった調査においても（発達障害を有する児童を含む）、対応に難しさを感じている児童の特徴としては行動面の問題、対人関係の苦手さを持つことが挙がっています（表1）。

以上からも、かかわる大人が感じる「集団生活における子どもの困ること」として、その多くは行動面や対人関係に関する問題であることがうかがえます。

❷家庭生活から集団生活へ

三歳くらいまでの子どもたちは、大人との一対一の関係であったり、家庭生活という小さな社会のなかで行動しています。大人と一対一の関係のなかでも、例えば「公園で遊んでいて、帰る時間になっても遊び続ける」、「おもちゃ売り場からなかなか離れようとしない」など、子どもが大人のいうことを聞いてくれず困った行動をとる場合があります。その場合は、大人が「強引にその場から子どもを連れていく」ことや、「ぎりぎりの時間まで待ってみる」など、大人個人の都合でそれを許し、一時的にルールを変更して対処することができます。しかし、保育園や幼稚園、学校といったたくさんの人が所属する集団生活ではそうはいきません。大人個人の感じた困った行動が、たくさんの人にとっての困った行動となってしまいます。すなわち、集団生活で困る行動とは、「子どもがほかの人たちとははずれた行動をおこなうことによって、ほかの人たちに迷惑をかけたり、害を与えてしまうこと」です。

また、集団生活で困る行動として「今、やらなければいけない課題をやらずに自分の好きなことをする」、「自分の思い通りにならないと友達を叩いてしまう」などがあります。前者はそれによって先生が活動を中止し、その行動をとっている子どもに対応することにより、他者の有意義な時間を邪魔してしまうことになります。後者は、相手にけがをさせてしまったり、嫌な思いや恐怖感を与えてしまうことになります。

それらは、子ども本人が能動的に活動することによって起こる「行動」ですが、本人が活動しない「拒否する、反応しない」といった「行動」もあります。これも、集団の行動を乱すことになり、他者の有意義な時間を邪魔する困った行動につながります。

集団生活での困った行動は、本人以外の大人や友達が感じる困った行動としてとらえられることが多いです。しかし、その行動をした本人自身にも、大人から怒られる、皆から嫌がられる、活動への参加が減るなど、様々な経験の機会を失ってしまう困った状況になります。このような集団での困った行動はソーシャルスキルの問題といわれており、早期にその困った行動について支援していく必要があります。

表1　対応に難しさを感じている児童の特徴

分類	具体的内容
行動面	不注意
	落ち着きがない
	教室を飛び出す
	座っていられない
	我慢できない
	衝動的
	独特の行動
	自分のペース
	集団行動が苦手
	授業中も廊下にいる
社会性・対人関係	社会的善悪がわからない
	コミュニケーションがとれない
	対人関係が苦手
	暴言・暴力
二次的障害	学習面
	自己有能感低下
	反抗
	不登校
その他	異性への興味
	変化が苦手
	身辺処理の問題
	他児に悪影響
	かん黙
	授業に参加できない

※A市特別支援教育コーディネーターに対するアンケート調査の結果より。

2 ソーシャルスキルを身につける意味

ソーシャルスキルのソーシャルは「社会の」、「社会的な」、スキルは「教育や訓練によって獲得した能力」、「技能」という意味を持っています。一般的には、「人（社会）とうまくかかわっていくために必要な技能」ととらえられていると思います。

人は成長とともに個人、集団、社会とかかわる相手が増え、規模も大きくなっていくため、人との関係性は複雑になっていきます。人は人とのかかわりのなかで様々なことを学んでいくため、ソーシャルスキルは人が発達・成長していくうえで重要な能力となります。この技能は、人が生まれ持っているものですが、人とのかかわりのなかでさらに磨き上げられ、適切に使われていくようになります。

❶ソーシャルスキルとは

ソーシャルスキルは、社会技能や社会的技能、社会的スキルなどとも呼ばれています。その定義は、様々なことがいわれており、はっきりとは決まっていません。例えば、世界保健機関：ＷＨＯ（国際連合の専門機関で、世界の人々の健康について活動している）では、社会技能を「日常生活の中で出会う様々な問題や課題に、自分で、創造的でしかも効果ある対処のできる能力」と定義しています。また、それには①意思決定、②問題解決能力、③創造力・豊かな思考、④クリティカル※に考えていく力、⑤効果的なコミュニケーション、⑥対人関係スキル（自己開示、質問する能力、聴くこと）、⑦自己意識、⑧共感性、⑨情動への対処、⑩ストレスへの対処、といった様々な能力が含まれるとしています。また、発達障害（学習障害、注意欠陥多動性障害、高機能広汎性発達障害など）を対象とした分野では、ソーシャルスキルと対人スキルを同じ意味として扱う傾向があります。しかし、ここではソーシャルスキルを「日常生活を送ることや人とのかかわりのなかで、適切な行動をとる能力」としたいと思います。

❷ソーシャルスキルを身につけるには

「ソーシャルスキルを身につける」ためには、日常生活を遂行するための知識があり、人とのかかわりのなかでのルールを知っていなければいけません。

しかも知っているだけでなく、それを適切に実行できなければいけません。それは、誰でもはじめからできるわけではなく、大人との一対一のかかわりや、小さな社会である家庭生活のなかで少しずつ学習していくのです。

　では、どのようなことを基盤にしてソーシャルスキルを身につけていくのか、おおまかにその段階や関連性をみてみましょう。

③ソーシャルスキルの基盤

　ソーシャルスキルについては、どのように発達しているのか、どの年齢ではどういったソーシャルスキルが必要なのかなどの妥当性についての検討はほとんどされていないようです。しかし、ソーシャルスキルを身につけるための基盤となるものがいくつかあります。以下に、そのうちの二つについて説明します。

①母親との信頼関係について（親子関係について）

　赤ちゃんは母親から愛情のこもった養育を受けることにより、母親との一対一の関係のなかで安心感・信頼感を築いていきます。この赤ちゃんと母親の強い結びつきのことを「愛着」といいます。安定した愛着が築かれることによって、子どもは母親がいれば大丈夫と、母親を安全基地にして、他者や身のまわりの環境へかかわっていくことができます。安定した愛着が形成されていないと、母親がいても安心できず、なかなか他者や社会へかかわっていくことができなくなってしまいます。そのため、母親の養育態度は子どもの愛着行動に影響し、子どもの情緒面だけでなくさまざまな発達の側面や、ソーシャルスキルの発達にも影響を与えます。

②意図の理解について

　コミュニケーションは、すでに赤ちゃんのときに母親との間でおこなわれています。最初は、例えば赤ちゃんが泣いたときに、母親が「おなかが空いたのね、待っていてね」と返すなどの形です。赤ちゃんには母親とコミュニケーションをとろうというはっきりとした意図はみられませんが、母親のほうで勝手に解釈して反応が返されるというパターンです。これは、赤ちゃんにとって自分と相手の間に同じものが存在すること、つまり「共有する」という経験になります。

　生後六か月くらいになると、子どもは母親が目を向けた方向やものに自分も目を向けるといった行動をするようになります。さらに生後九か月くらい

表2　赤ちゃんのコミュニケーション

0歳〜五か月	・共有する意識が育まれる。 ・赤ちゃんからの反応を親が返していくなかで、赤ちゃんは相手との間に同じものが存在すること（＝共有）を知る。
六か月〜	・母親が目を向けた方向やものに対し、目を向ける。
九か月〜一歳頃	・自分の要求を人に伝える方法を身につける。自分、もの、相手という関係性を理解する（三項関係のはじまり）。
一歳半頃〜	・目の前にそのものがなくても、相手が何に注意を向けているかわかる（三項関係の成立）。 ・自分とは違う視点、意図をもった他者がいることを理解する。

になると、子どもは自分から人に何かを伝える方法を身につけます。例えばほしいものに手が届かないとき、そのものと母親の顔を交互にみるといった行動で、「とってほしいの」という意思を行動で示すようになります。六か月以前は、自分と母親の一対一の間でのやりとりでしたが、そこに〝もの〟が入って「自分と〝もの〟と相手」の関係ができてきます。これは「三項関係」といわれており、コミュニケーションの発達だけでなく、言葉の獲得にもかかわる重要な機能となります。一歳半頃になると、自分には今みえないものであっても、相手が何に注意を向けているかわかるようになり、他者は自分と違う視点があるということ、そして相手も何か意図を持って行動しているということを理解するようになります。

　このように乳児期から母親とのやりとりをもとに、他者を理解する機能を獲得し、ソーシャルスキルを身につけるための基盤を形成していきます。

❹ソーシャルスキルを身につけることの重要性

　私たちは人とのかかわりを通して様々なことを学んでいきます。そのためソーシャルスキルを身につけていないと、自ら他者とかかわる機会を減らすことになり、他者からもかかわることを拒否され、人とかかわる機会が少なくなってしまいます。また、有意義な場面への参加の機会も減ってしまいます。これは、認知の発達や学業成績に悪い影響を与えます。そして、他者からの拒否や叱責を受ける機会が多くなると、自分に自信が持てなくなり、人とかかわることを嫌がり、不登校などの二次的障害を引き起こす場合も少なくありません。

　このように、ソーシャルスキルの問題は、将来の心理的安定や社会への適応に大きな影響を及ぼします。子どもも将来は大人になり、社会に出てはたらき、自分の力で生活をしていかなければなりません。その基盤として集団生活に適応していくために、必要なソーシャルスキルを身につけておくことは非常に重要なことなのです。

※鵜呑みにせず、論理的に

3 ソーシャルスキルを阻む要因と支援

皆さんのなかにも、人とかかわることが苦手な人もいれば、逆にすぐに他者とコミュニケーションをとれる人もいると思います。例えば、接客業の人やセールスマンが他者とコミュニケーションをとるのが苦手ですと、仕事上で問題になります。また、積極的にコミュニケーションをとってくる人が、「なれなれしい」「あつかましい」とあまりよくない印象を持たれたりする場合もあります。このように、ソーシャルスキルはどこからが問題でどこまでが問題ないかを決めるのが難しく、その人のおかれている状況（年齢や職業、社会的立場など）や受け取る側によって、その評価はかわってきます。

このようなソーシャルスキルの特徴は、子どもの場合は個人の個性や性格、育ちといった要因が影響する場合もありますが、年齢を考慮しても集団生活に適応できない状態が生じてしまっている場合は、それらとは違う要因が影響している可能性が考えられます。つまり、脳に器質的な問題のある発達障害の場合です。

発達障害とは、発達障害者支援法では「自閉症、アスペルガー症候群その他の広汎性発達障害、学習障害、注意欠陥多動性障害その他これに類する脳機能の障害であってその症状が通常低年齢において発現するものとして政令で定めるもの」と定義されています。発達障害のある子どもは、正常な知能を持っていますが、認知面、運動面、社会性、行動面、学習面、感覚面などの発達に偏りがあるため、日常生活を送るうえで困難さを示します。すなわち、ソーシャルスキルの問題を引き起こし、その問題がほかの発達の側面に影響を与えます。しかし、そのアンバランスさはまわりから理解されにくく、しつけの問題などと誤解されることも多々あり、適切な支援がなされていない場合があります。

早期からの適切な支援や周囲のかかわりは、子どもの発達をよいほうに促すことになります。そこで、子どもに気になる様子がみられた場合には、都道府県や市町村の相談機関に相談したり、発達障害を診察している医療機関やクリニックを受診してみることをおすすめします。

❶ソーシャルスキルを阻む要因

ソーシャルスキルを身につけることを阻む要因としては、自分をコントロールする力が育っていないために感情や行動を自分で抑制できないことが考えられます。また、「自分にはうまくできない、自分はダメだ」と自己評価が低く、自尊心が育っていないため活動に対して拒否的になってしまっていることも考えられます。ほかにも、環境や周囲の人から得た感覚情報が適切に処理されない感覚面の偏りが要因となっている場合もあります。さらに、「相手が今どう感じているのか」を言葉だけでなく表情や雰囲気から読み取ることや、相手の気持ちを想像することが難しいといった要因が影響していることも考えられます。

❷四つの要因

前述のように、ソーシャルスキルが身につかない原因には様々なことがありますが、大きく分けて四つの要因が関与していると考えられます。また、これらの要因を複合的に持ち合わせている場合もあります。

本書では、子どもたちが示すソーシャルスキルの問題を要因ごとに示し、発達を促していくための具体的なサポート法を次章で解説します。その前に、ここでソーシャルスキルに問題のある子どもたちにみられる四つの要因について解説します。

①自分をコントロールする力が弱い

ソーシャルスキルに問題のある子どもに多くみられるのが、自分をコントロールする力が弱いことです。例えば、自分の子どもや幼稚園・保育園、学校で担当している子どもで、「自分の番まで待っていられず先にやりたがる」、「保育中（授業中）自分の好きなことを勝手にやり出す」、「都合が悪くなるとすぐに泣く」といった様子をみかけたりしませんか。自分をコントロールする力が弱いと、自分の行動や感情を抑制することが難しくなるので、そのような様子を示します。

行動や感情を抑制できるようになるのは非常に難しく、時間もかかります。子どもは自分の行動によって、自分のやりたいことを獲得しようとしたり、嫌な状況から逃れようとします。そして、ある行動をすると自分の希望する状況が得られることを学習しているので、その行動を繰り返します。親や教師は、

そのたびにただ怒るだけでは解決になりません。まず、子どもが理解しやすい方法で端的に説明する、たとえばわかりやすい言葉、絵やジェスチャーを使うなどがあります。またよくない行動だとわかっていても、行動してしまう場合には、困った行動をする前に気づきやすい環境設定をしてみるのもよいと思います。

　困った行動になるときには、何かきっかけがある場合も多くあります。自分の好きなことを勝手にやりはじめてしまう場合は、活動内容が子どもにとって難しすぎたり、指導者の説明がわかりにくい可能性もありますので、そのときの状況をよく観察する必要があります。

②自尊心が育っていない

「友達の輪に入っていけず一人でいる、もしくは親から離れない」、「友達が話しかけても黙ったままでいる」、「活動に参加することを拒む」など、極度に引っ込み思案な様子はありませんか。そのような様子は、自尊心が育っていないことが考えられます。

　自尊心（セルフ・エスティーム）とは、研究者によって様々な定義がなされており、統一されたものはありません。「自分を肯定的に評価し満足しているレベル」、または「その人にとっての生きる意味や価値態度も内包する、より包括的な自分への見方」と述べる研究者もいます。このことから自尊心が育っていない状況とは、発達的にみて自尊心が低すぎたり高すぎたりする状態といえるかもしれません。

　前述の例は自尊心が低すぎる場合にみられるもので、自分を否定的にとらえ「自分はだめなんだ」と評価し、人とのかかわりを避けたり、非常に消極的な行動をとります。自らかかわりを避けるわけですから、それが長く続けば周囲からのかかわりも減ってしまいますし、様々な活動への参加も減り、発達に必要な経験ができないことになります。

　逆に自尊心が高すぎる場合は、他者が思っているよりも自己評価が高く、「自分はできる」と評価している傾向にあります。幼児や小学校低学年の時期は、それ以降の子どもよりも自尊心が高い傾向にあるので、低すぎることよりも問題にはなりにくいと思います。例えば、四、五歳頃に「僕、サッカーが好きだからJリーガーになる」といっていても、にこやかに聞いていられますが、球技が苦手なのに中学生になってもそういっている場合には少々心配になります。また、人からの忠告や助言を聞き入れなかったり、他者からみれば十分できていることも、本人は満足してない様子をみせるため「嫌みな人」と

思われてしまったりします。

通常、自尊心とは親から好意的な評価を受け、自分の価値を位置づけることで育まれていきます。よって、親から否定的な評価を頻繁に受けていれば、「自分はだめなんだ」と自分への評価をさげてしまいます。

自尊心の低い子どもも高い子どもも、自分がどのくらいできるのかという正しい評価を本人がわかるように説明していく必要があります。特に自尊心の低い子どもには、失敗を恐れて人とのかかわりや活動への参加に対して拒否的になっていることが多いので、まずはその子のレベルにあった課題を提供し、成功体験を積み重ねていくような支援が必要です。

③感覚面の偏り

「粘土やのりづけを嫌がりその場からいなくなる」、「友達がそばに来ると相手を叩いてしまう」、「食べ物の好き嫌いが多い」、「園庭や校庭の遊具で遊ぶのを怖がる」といった様子はありませんか。このような様子は、感覚面の受け取り方の偏りから起こっている行動の可能性があります。

感覚には、五感といわれる「視覚・聴覚・触覚・味覚・嗅覚」のほかに、筋肉や関節の情報をつかさどる「固有感覚」や、揺れや傾き、スピードに反応する「前庭感覚」があります。これらの感覚の受け取り方に偏りがあることを敏感や鈍感といっていますが、どちらか一方に偏りすぎてしまうと、外界からの情報をうまく受け取り処理できない状態になります。例えば、様々な感覚刺激の一部あるいは複数において敏感であると、感覚刺激に対して過剰に反応してしまいます。よって、それを回避するためにその場からいなくなる逃避行動や、相手に暴力をふるう攻撃行動をしてしまうのです。

感覚面の受け取り方の偏りからくるソーシャルスキルの問題には、まずその子の感覚面の問題に対して、その子が楽しいと感じられる遊びや活動を通して少しずつ経験させてみることが必要です。しかし、どうしてもある感覚に対して本人が耐えられない場合があります。それを無理に続けるとますます嫌な体験となってしまいますので、様

子をみながらおこないます。また、周囲の人たちにも理解してもらいながら対応することが必要です。

④相手の気持ちを読み取りにくい

「一方的に自分のことを話す」、「人の気にしていることや失敗を面と向かって相手にいう」、「相手のいっていることを誤解して受け取る」、「冗談を真に受ける」といったことから周囲の人々とトラブルを起こしたりしていませんか。これは、相手の気持ちを読み取ることができていないことが考えられます。

相手の気持ちを読み取るとは、周囲の状況や場面の雰囲気、相手のちょっとした表情の変化や視線、仕草、声のトーンなどの微妙な表現から相手がどう思っているのかを解釈していくことです。相手の微妙な表現に気づくことができなかったり、気づいても誤って解釈してしまうためにトラブルが起こるのです。

これらを感じ取ることは難しく、同じ表情や仕草であっても、そのときどきで意味することが違う場合もあるので、状況と相手の表情や仕草をあわせて学習していくことが大切です。実際の場面では難しいので、絵カードを使用したり、模擬的に場面をつくったりして練習するとよいでしょう。しかし、まずは相手が発するサインに気づかなければいけません。実際の場面で相手の発するサインに気づくことは非常に難しいので、大人が気づきを促すことも必要です。また、大人が本人と相手との仲介役になり、本人に正しい解釈を教えることも大切です。

参考文献

クリス・ムーア他編、大神英裕監訳『ジョイント・アテンション―心の起源とその発達を探る』ナカニシヤ出版、1999
渡辺弥生他編『原著で学ぶ社会性の発達』ナカニシヤ出版、2008
佐藤淑子『日本の子どもと自尊心―自己主張をどう育むか』中央公論新社、2009

2
章

日常でできる
ソーシャルスキル
サポート法

① あいさつ

気になる言動

しつこく
あいさつし続ける

大人にあいさつを
促されてもいえない

時間帯にみあった
あいさつができない

確認

- □ あいさつする相手をしっかりみていますか。
- □ 家庭内や近所など、周囲であいさつしあう習慣はありますか。
- □ おはよう・こんにちは・こんばんはの使い分けはできますか。

近所で知り合いに出会ったとき、子どもがなかなかあいさつをせず「ほら、あいさつは？」と声をかけることはないですか。大人に促されても、「こんにちは」の一言がでてこなくてモジモジしてしまう子どもがいます。また、場面にあったあいさつや、相手が気持ちよく思える程度の声の大きさであいさつができないこともよくあります。なかには、相手からあいさつが返ってこない場合に、執拗にあいさつを繰り返し、相手からのあいさつが返ってくることを要求する子どももいたりします。

あいさつは、人とかかわるときの最初の一言です。あいさつではじまり、あいさつで終わるといってもよいでしょう。気持ちよくて元気なあいさつは、本人だけではなく、まわりの人も元気にしてくれます。大人にとってはそれほど難しくないあいさつですが、なかなかできずに困っている子どもがいます。上手にあいさつができない理由は何でしょう。

慣れない場所で自分がどのように行動したらよいかわからない子どもは、あいさつをする相手や言葉を切りだすタイミングがわからないことがあります。また、自分に自信が持てない子どもは、あいさつの言葉はわかっていてもいう勇気がでてきません。相手の気持ちがわかりに

くい場合には、あいさつをする相手をしっかりみていなかったり、あいさつをされても自分にされたのかわからないといったこともあります。どのようなあいさつをされることが相手にとって心地よいか、今はあいさつをしたくない気分なのかもしれないなど、相手の立場に立って考えられる力も必要になってきます。

　まずは、家庭のなかで親と子、兄弟と気持ちのよいあいさつを、普段から交わすようにすることが大切です。

ワンポイント
アドバイス

大人もしっかりあいさつができていますか？

あいさつの使い分けは難しい

　あいさつは場面によっていろいろな種類があります。朝は「おはよう」、昼は「こんにちは」、夜は「こんばんは」、寝るときは「お休みなさい」などと選択することは、子どもにとって難しい内容です。場面や状況にあわせていわないと、せっかくいっても気持ちのよいあいさつになりません。

まずは大人がモデルとなる

　朝の忙しさから家族内ではあいさつの言葉をいわなかったり、近所の人とも会釈だけですませてはいませんか。「あいさつをしなさい」というばかりでは、子どもはあいさつをしようという気持ちになりません。またあいさつの言葉を覚えても、いつ、どこで、どのように使うかを学習することができません。

　あいさつは「しなければならないもの」ではなく、「人と人とのかかわりのなかで自然と交わされるもの」なのです。まずは、大人がモデルになることが大切です。家庭や学校で大人があいさつをしている様子をみてあいさつの言葉を選択したり、いうタイミングや声の大きさなどを学び、状況にあわせたあいさつができるようになっていきます。

誤解！ 叱るのは逆効果

「何であいさつをしないの！」「あいさつをしなさい！」とあいさつができないときに叱る、もしくは、強要するのは逆効果です。子どもなりにできない理由や難しい原因があるはずです。大切なことは、大人がサポートをして、子どもが上手にいえたときにほめてあげることです。

あいさつの見本を親や教師から示す。

1 自分をコントロールする力が弱い

家庭 はじめての場所や慣れない人に対しては不安を感じてしまい、あいさつの言葉がでてこないことがあります。そのようなときは、「お母さんと一緒にいおうね」と親と一緒にあいさつをするようにします。子どもがいえなくてもそれを責めたりしないようにしましょう。まずは大人がモデルを示すことが重要です。

学校 教師が自らモデルを示すことで、自然とあいさつができるようになります。ルールにするなど強制するだけでは、子どもはあいさつをするようになりません。生徒からあいさつをされたときには、作業中であっても手を止めて、しっかりとあいさつを返します。そして、あいさつしてもらったことに対して感謝を伝えます。またクラス全員で一斉にあいさつをする習慣をつけるなど、集中してあいさつをする場面を設定するのもよいでしょう。

子どもが自然にあいさつができる雰囲気づくりをする。

2 自尊心が育っていない

家庭 恥ずかしいと感じたり、自信がない場合には、あいさつの言葉がでにくくなってしまいます。まずは子どもが緊張せずに、あいさつが自然に交わせる環境をつくります。家族や顔見知りの人など、少しずつあいさつをする相手を増やしていくとよいでしょう。

学校 自信のない子どもにあいさつを強要したり、一人でいう機会を増やしても逆効果です。朝や帰りの会など皆と一緒におこなうなかで、緊張せずにいえることを目標にします。最初は頭をさげる動作だけでも構いません。少しでもできたり、タイミングがよかったり、大きな声でいえたらほめてあげましょう。

音に反応して集中できないことがあるので注意する。

3 感覚面の偏り

家庭 苦手な音が聞こえてきたり、テレビから好きな番組の音楽が聞こえてくる場合には、あいさつをする余裕がなくなってしまいます。苦手な音は極力減らすか、聞こえなくなってからあいさつをおこなうようにし、興味関心の強い音は消してからあいさつをするようにしましょう。

学校 特定の音や人が騒いでいることを嫌ったり、登校時の人の多さが苦手なことがあります。子どもはあいさつをすることはわかっていますが、できない状況にいることを理解してあげましょう。まずは、静かな場所であいさつすることや友達や教師と一対一で落ち着いてあいさつすることからはじめましょう。

あいさつは気持ちのよいものだと伝える。

4 相手の気持ちを読み取りにくい

家庭 あいさつは言葉のやり取りだけではありません。あいさつをすることで相手がどう思うかを具体的に伝えてあげるとよいでしょう。あいさつができたときには、「あいさつをしてくれてうれしいよ」「元気なあいさつは気持ちいいね」と気持ちを伝える声かけをしてあげましょう。

学校 あいさつをする意味や必要性についてクラスで話しあい、あいさつをしてもらうとどんな気持ちになるかを発表しあいましょう。例えばあいさつをされると気持ちがよい、あいさつは友達と仲良しになるきっかけだということなどに気づかせてあげます。

② 身だしなみを整える

気になる言動

ボタンをかけ違えたり、
下着の裾が
はみでたりしている

口のまわりに
食べ物がついて汚れている

洋服が食べこぼしで
汚れている

確認

- □ 身だしなみを整えようとしていますか。
- □ 洋服が汚れていることを気にしますか。
- □ タグなどが体に触れるのを嫌がりませんか。
- □ 周囲の大人が身だしなみに気をつけていますか。

人は服装や見た目から、その人がどのような人であるかを判断することも多くあります。年齢が小さい頃は親や大人が直してくれるものですが、小学校に通う頃には身だしなみに気を配り、自分で整えることができるようになってほしいものです。何歳から自分でおこなうかではなく、着替えやトイレの練習を開始したときから、同時に教えていくことが重要です。

衣服に関しては、服の前後を間違えている、下着の裾がズボンからはみでている、ボタンのかけ違いがある、襟が途中から折れている、食事や手洗いのあとに汚れるもしくは濡れている、そんな子どもの姿をみることはありませんか。そのほかにも、髪の毛が寝ぐせでボサボサになっている、爪が伸びてゴミがつまっている、顔に眼ヤニや食べ物がついていることはありませんか。

どんなに「身だしなみを整えなさい」といっても、子どもにとって身だしなみを整える目的がわからなければ、意識しづらいでしょう。また、どこを、どのようにすればいいのかという方法がわからないこともあります。**そして、指先を使う細かな操作が苦手な子どもや、両手を使う動作が苦手な子どもは、身だしなみを整える動作自体が難しいことがあります。子どもが**

ワンポイントアドバイス

いつから身だしなみを整える？

●はじめから身だしなみに必要な動作を教える

小学校の前、それとも幼稚園の前など、何歳になったら身だしなみへの意識を促すべきか悩むことはありませんか。しかし、子どもの多くは、途中から身だしなみに必要な動作を追加されると混乱したり、自分ではできないといって親に全部してもらうようになってしまいます。

ご飯を自分で食べる練習をはじめたときから、手元にタオルをおいて口元を拭くように促しましょう。また、着替えやトイレの練習をはじめたときから裾を入れることや、襟が曲がっていないかを確認するようにしましょう。なかでも、裾を入れる動作は年齢があがっても苦手としている子どもが多くいます。上着のすべての裾をズボンのなかに入れる場合はよいのですが、特に一番上を入れずに下着だけを入れる動作が難しいようです。このときのポイントは、下着を着たら入れる、もう一枚着たら入れると、着た順に一枚ずつ裾をズボンのなかに入れていくことです。

●大人も身だしなみを整える

大人はファッションにこだわることも多いですが、例えば流行を意識してズボンを腰ばきしたり、シャツをだしていたり、爪を伸ばしていては、子どもが身だしなみを整えることはできなくなってしまいます。子どもに身だしなみを整えさせたい場合には、大人が整える必要があるのです。

感覚過敏を持っている場合には、裾を入れる窮屈感が苦手であったり、爪を切ることを極端に嫌がることもあります。

そのような様々な苦手さから起こる現状を、「だらしない格好」「身だしなみが整っていない姿」と叱るのではなく、子どもの苦手さがどこにあるのかを知り、サポートすることが大切です。

誤解！

幼い頃は気にしなくてもよい？

身だしなみは、幼いからといって気にしなくてもよいわけではありません。裾を入れていない感覚に慣れていなかったり、感覚過敏で窮屈さが苦手なことがあります。感覚に慣れ、自分でその動作ができるように、幼少期から身だしなみを整えていきましょう。

子ども自身で確認できる機会を設定する。

1 自分をコントロールする力が弱い

家庭 遊びたい、早く出かけたいなどの思いが強いと、子どもは身だしなみを整えることまで意識がまわりません。そこで子どもと身だしなみチェック表をつくり、確認してから次の活動に移るというルールを決めましょう。例えば、着替えのあとには「ボタン・襟・裾」などとわかりやすいチェック項目を挙げておくことで、子どもも確認する視点が定まります。

学校 毎朝「身だしなみチェック」をおこない、髪の毛が整っているか、爪は伸びていないかなどを子ども同士で確認してみる活動を取り入れてみましょう。このときに失敗を指摘するのではなく、人には苦手なことがあるので、気がついた人は手伝ってあげるような指導をしましょう。

「できない」を指摘するのではなく「できた」をほめる。

2 自尊心が育っていない

家庭 毎日の生活のなかで親が手伝いすぎると、子どもに「自分でする」という意識が育ちません。まずは時間のあるときに、親は手を出さずに見守り、子どもに取り組ませてみましょう。このときに子どもが難しそうであればさりげなく手伝い、できたときには「一人で上手にできたね」と一緒に喜んであげることが大切です。

学校 教師が子どものすべき行動を一つずつ細かく指示しすぎていると、子どもは指示待ちの状態になってしまいます。どうしても一人ではうまくできない場合は、例えば給食の前に手を洗いに行くときのグループをつくり、グループ単位でおこなうようにしてみましょう。手を洗えたときは当然ととらえず、ほめてあげましょう。

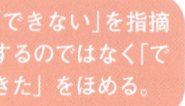

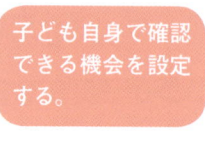

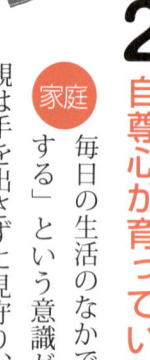

服の素材やタグなど体に触れると嫌なものは取り除く。

3 感覚面の偏り

家庭 感覚過敏のある子どもの場合、衣服の素材にチクチク感を覚えたり、裏の縫い目やタグに痛みを感じることがあり、ボタンを留めることや、裾を入れることに不快感を示すことがあります。このような場合には、衣服の素材を見直したり、タグを取り外すなどの工夫をして様子をみてみましょう。

学校 糊や粘土を使った活動が苦手だったり、食べ物の好き嫌いが多いなど、子どもの感覚の過敏さが原因で学校の活動ができないことがあります。すべてを取り除くことは困難ですが、場面や時間を決めて、苦手な感覚に少しずつ慣れさせていくようにしましょう。例えば、裾をズボンに入れる感覚が苦手な子どもには「体育の時間だけは裾をズボンに入れてみよう」と提案してみるとよいでしょう。

身だしなみについて考える機会をつくる。

4 相手の気持ちを読み取りにくい

家庭 衣服の乱れを直したときには、「上手に服が着られたね。かっこいいよ」と、整っている様子をどのように思うかを伝えてあげましょう。またイラストなどを用いて、「裾がでているね。どう思う？」「どうしたらいいかな？」と感想や対応方法を聞く機会をつくるのもよいでしょう。

学校 クラス全体で身だしなみについて考える機会をつくります。身だしなみには、どのような動作や項目があるのかを子どもたちにださせて、それらが整っていない状態をどのように思うかについて意見を聞いていきます。クラス全体で身だしなみに配慮するようにするとよいでしょう。

3 基本スキル

早寝・早起き

気になる言動

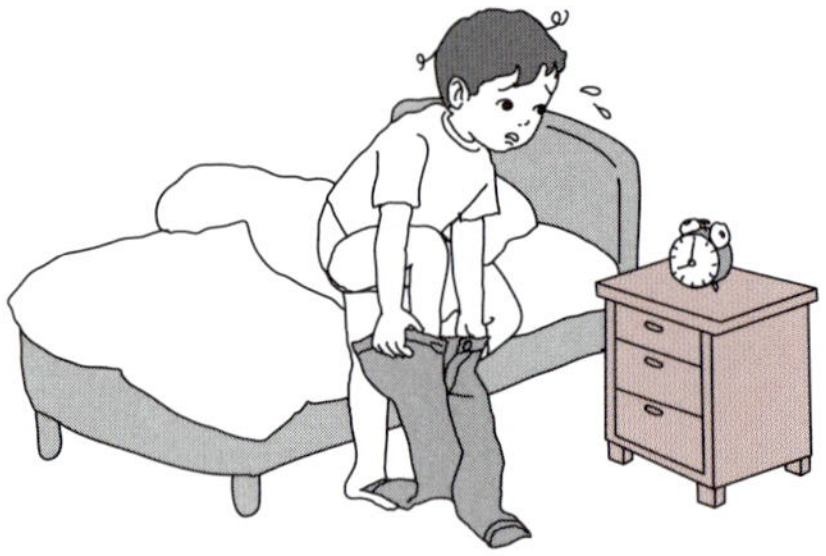
朝の身支度を慌てておこなっている

夜遅くまでゲームをしたり
テレビをみたりしている

午前中の授業からボーッとしている

確認

- □ 起きる時間、寝る時間を決めていますか。
- □ 寝る環境を整えていますか。
- □ 家族も早寝早起きをしていますか。

早寝・早起きなどの生活リズムは、育ち盛りの子どもにとって、体と心をつくる基礎になります。夜にしっかり深い睡眠をとると、成長ホルモンが十分に分泌されやすくなります。寝る時間が遅くなると、朝スッキリと目覚めることができないばかりか、朝の身支度が慌ただしくなり朝食を抜いたり、排便リズムが乱れたりと健康状態にも影響します。また睡眠不足の状態では、午前中の授業から眠たくてボーッとしたり、教師の話を集中して聞くことができなくなるなどの学習面に悪影響を及ぼします。さらにイライラしたり、攻撃性が高まったり、無表情になるなどといった情緒面にも影響があるといわれています。

早寝・早起きをするにはどうしたらよいでしょうか？　**子どもが眠たくなるのを待っていては、いつまでたっても子どもの生活リズムは整いません。子どもが眠たくないといっても、時間になったら歯みがきやトイレをすませて、あかりを消すなどして寝る環境を整え、布団に入ることを習慣づけることが大切です。**

また、大人の生活リズムは子どもにも影響します。深夜まで営業している店が増え、テレビの放映時間が延び、ゲームやインターネットの影響で大人の生活が夜型になってきています。

ワンポイントアドバイス

朝、起きる時間をしっかり守る!!

●寝る前にテレビをみたりゲームをしない

夜更かしを改善するには、朝の起きる時間をしっかりと守ることです。朝、早く起きれば自然と寝る時間も早くなります。また、日中には体をしっかり動かし、寝る時間も決めましょう。寝る時間になったら、おもちゃなどは片づけて、部屋を暗くして眠るための環境づくりをすることが大切です。寝る直前までテレビをみたりゲームをしていると、強い光刺激が目から入ることで交感神経優位となりやすく、興奮して眠れなくなってしまいます。入浴は副交感神経が優位となり眠る準備が整うので、入浴後にテレビやゲームなどはおこなわないようにしましょう。

どうしても寝つきが悪く、生活に支障がでている場合には、小児科を受診して相談してみましょう。睡眠を誘導する処方薬を利用して寝入りをよくすることで、生活リズムが整い、円滑な生活が送れる場合も少なくありません。

●休日も生活リズムをくずさない

週末や長期の休みの期間に、朝いつまでも寝ていたり、昼寝をしすぎると、夜寝る時間が遅くなり生活リズムがくずれてしまいます。普段から生活リズムがくずれがちな子どもの場合には、休みの期間もある程度、学校のあるときと同じリズムで過ごすことをおすすめします。

大人の都合で子どもの生活が夜型になっていないでしょうか。親子で自分達の生活を見直してみるのも必要な場合があります。また、大人が起きているから子どもも起きていてよいわけではないことを伝えるのも大切です。毅然とした態度で、子どもには寝るように伝えましょう。

誤解!

朝日は体を目覚めさせるだけ?

朝、太陽の光を浴びると脳内神経伝達物質のセロトニンが分泌されます。セロトニンは脳を活性化させるので、元気にスッキリと目覚めることができます。

またセロトニンが分泌されると、集中しやすくなる、イライラしにくくなる、不安を感じにくくなるなどといわれ、感情のコントロールにも欠かせない物質となります。

スケジュールをつくり子ども自身が確認できる工夫を。

スケジュール表
お片づけしてえらいね。さあ寝よう

ぼくより早起きだね

1 自分をコントロールする力が弱い

家庭 遊びやゲームに夢中になり、寝るのが遅くなっていませんか。テレビやゲーム、宿題など「いつ・どこで・何時間するのか」を子どもと一緒に話しあい、スケジュールを立ててみましょう。スケジュール通りに子どもが遊びをやめて寝ることができたら、しっかりほめてあげることが大切です。

学校 生活習慣を見直す機会を設けましょう。何時に寝て、何時に起きたのかという睡眠日誌をつけさせて、子どもが自分の生活を見直したり、友達はどのようにしているのかを知る機会として皆で発表しあったりする場を設けるとよいでしょう。

達成感が得られる仕掛けを取り入れてみよう。

今日も六時に起きたよ！

勉強が難しくてわからないよ
それは困ったね。どうしたらわかるようになるか、一緒に考えよう

2 自尊心が育っていない

家庭 「もう寝なさい」、「早く起きなさい」といつも親からいわれていると、子どもは親がいないと動けなくなってしまいます。まずは、寝る時間もしくは起きる時間を決め、守れたらごほうびシールを貼るなど、目にみえる形でできたことを示していきましょう。

学校 学校生活に自信がないと、登校しぶりのために夜遅くまで眠れず、朝起きられない場合があります。起きられたとしても、体調の不良を訴えたりすることもあります。遅刻や欠席が続くときは、いじめや、友達ができないなどの友人関係、苦手な学習課題、運動会といった行事など、子どもが苦手に感じていたり、拒否的にとらえている内容があるかを確認します。確認できたときは、まず共感する姿勢が大切です。「大丈夫だよ」などの声かけでなく、具体的な対応策を考えて提案し、継続したかかわりが必要になります。

音や光に敏感な子どももいるので静かな環境づくりを。

3 感覚面の偏り

家庭 音や光に敏感な子どもは、その刺激によって眠りが浅くなってしまうことがあります。また、隣の部屋で大人がいつまでも話していたり、テレビをみていると子どもも気になってしまいます。子どもが寝る部屋は電気を消して暗くし、静かな環境を準備してあげましょう。

学校 運動会などでみられる大きな音楽やピストルの音が苦手な子どもがいます。このように苦手な感覚のある行事があると、それが終わるまでは不安で眠れなくなることもあります。そこで苦手な感覚を極力減らしたり、終わるまでの回数を伝えておくとがまんできる場合があります。がまんできない場合は、必要最低限の範囲で参加するという配慮も必要です。

できて当たり前のことでもほめたり、注目してあげると、うれしくて次のやる気につながる。

4 相手の気持ちを読み取りにくい

家庭 朝は慌ただしい時間ですが、子どもが起きてきたときに、「起きてきてくれてうれしい」という気持ちが伝わるようなかかわりをしてみましょう。子どもも大好きな親にそういわれたら、元気にあいさつし、明日も早く起きようと思うようになるでしょう。

学校 子どもが午前中の授業からはっきりと目覚めて学習ができていれば、教師はクラスメイトのいるなかでその子をほめるようにしてみましょう。またほめられたいと思うことから、早寝・早起きの習慣に結びつく可能性があります。たとえすべての時間にしっかりと目覚めていなくても、目覚めているときに注目してあげることが大切です。

④ 時間を守る

気になる言動

よく学校に遅刻しそうになる

外出までに準備が終わっていない

ゲームを約束した時間に終了できない

確認

- □ 生活リズムを整えていますか。
- □ 何時、長い針がどこにきたらと具体的に時間を伝えていますか。
- □ 大人の都合で予定やスケジュールを決めていませんか。

学校に遅刻してしまう、約束の時間になっても遊びを終われない、準備が間に合わず予定の時間に出発できないなど、子どもが時間を守れずに困ってしまうことはありませんか。小学生になると時間ごとに区切られた授業がはじまり、「時間を守ること」、「時間通りに行動すること」が求められます。時間を守ることは、交友関係や信頼関係を築くうえで大切です。待ち合わせの時間に来ない、予定をすっぽかすような友達は嫌われますし、それは社会人になるために身につけておくべきルールです。

時計の学習がはじまるのは小学校に入ってからですが、子どものなかには、好きなテレビ番組がはじまる時間を時計の針の位置で覚えていることがあります。**生活リズムが整い、自分でできることが増えてきたら、時間を意識したかかわりをはじめてみるとよいでしょう。時計が読めなくても、例えば、「長い針が〜になったら行くよ」「タイマーのアラームが鳴ったらおしまい」など、子どもにわかりやすい方法で時間を意識させるとよいでしょう。そして時間を守れたり、時間通りに行動できたら、しっかりとほめてあげましょう。**

時間が守れない場合には、「なぜ守れないの!?」と叱るのではなく、その原因を考えることが大切です。単に時計が読めないだけでなく、前の場面から切り替えができない、自分勝手な行動をしてしまう、時間を守る理由がわからないなどが挙げられます。子どもの困難さにあわせた対応をおこなうことで、子どもに時間を守るという経験をさせていくことができます。子どもは、大人と違い、失敗した経験を次にいかすことがまだまだ苦手です。大人の支援で子どもの成功体験を増やすことが「子どものできる」につながります。

ワンポイントアドバイス

子どもにとってうれしいことからはじめよう!!

楽しいことが待っている

子どもと時間を決めるときは、子どもにとっていいことや楽しいことが待っている内容からはじめましょう。大人も同じですが、嫌なことが待っていては時間を守ろうという思いは薄くなり、守れるものも守れなくなってしまいます。例えば、「○時までに片づけなかったら公園には連れて行かない」ではなく、「長い針が上にきたら、おもちゃを片づけて公園に行こう」、「ピッピッと鳴ったら、大好きなお風呂に入ろう」などです。

短めの設定時間から

また、時間を決めるときにはじめから三十分や一時間も待つ時間があると、子どもは約束自体を忘れてしまったり、がまんができなくなってしまうので、一〜三分程度の短めの約束からはじめるとよいでしょう。そうすることで「これだけ待つと楽しいことが起こる」と子どもが身をもって感じられるようになります。時間を待てるようになったら、徐々にその設定時間を増やしていくとよいでしょう。

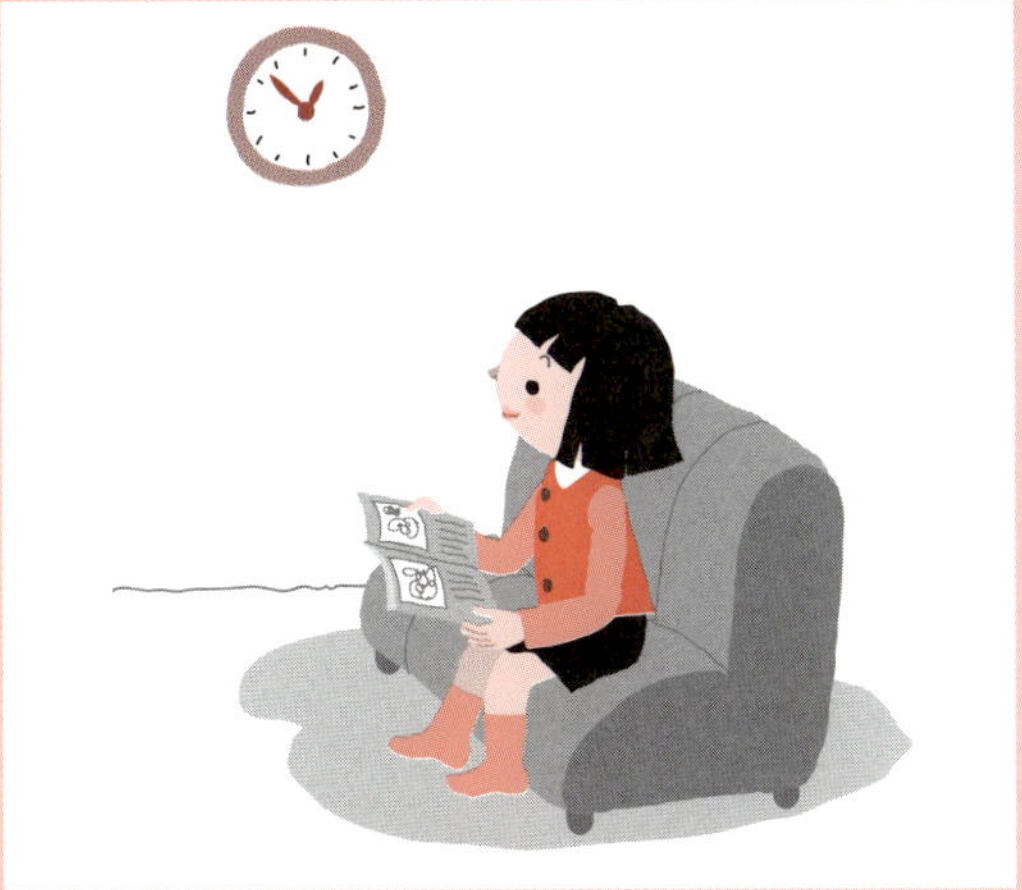

誤解！ スケジュールは誰が決める？

大人の都合でスケジュールを決めていませんか。スケジュールや予定を大人が立てるばかりでは、子どもはいつも「決められてばかり」、「したがうばかり」と感じてしまい、時間を守ることができません。子どもと一緒にその日の予定を決めてみるのもよいでしょう。

タイマーを使ったり時間割を工夫して、時間を「耳で聞こえる」「目でみえる」形にする。

ピッピッと鳴ったらおもちゃはおしまいね

今日の授業は……
月ようび
道徳《どうとく》
8:50
9:35
体育《たいいく》
9:40
10:25
中休み
生活《せいかつ》
10:45
11:30
国語《こくご》
11:35
12:20

1 自分をコントロールする力が弱い

家庭 次にすることはわかっていても、今していることに区切りをつけたり、先を見越して行動するのが苦手な場合があります。まずは、予め「〜は○分間する」、「○時に〜する」などの予定や約束事を子どもと一緒につくります。時計が読めない場合はキッチンタイマーやアラームを使って、時間を区切ることも有効です。

学校 毎朝、その日の時間割やスケジュールを確認するようにしましょう。表で作成された時間割を理解することが難しい場合には、曜日ごとに切り取り、その日のぶんだけを示すようにします。最近では、始業の鐘が鳴らない学校も増えているようですが、クラス独自で鳴らすようにするか、開始時間や終了時間をアナログ時計の絵で示しておくと子どもにもわかりやすくなります。

時間内に終われるように課題を調整して「できる」経験をさせる。

時間通りお手伝いできてえらいね

2 自尊心が育っていない

家庭 自尊心が高すぎると自信過剰となり、自分のルールで物事をすすめたりします。また低すぎると自信がなく、積極的に課題をおこなうことができないので、両者ともに時間を守りにくくなります。確実に時間が守れる活動からはじめて、時間を守れたらほめてあげます。例えば、好きなテレビのない時間帯に洗濯物をたたむお手伝いの約束をするなどです。

学校 授業中や宿題の課題が子どもにとって難しすぎると、子どもは時間内に終われず、結果的に次の活動に移れなくなり、時間を守ることが難しくなります。その課題が子どもの理解度に適しているか、集中して取り組める量であるかを確認しましょう。

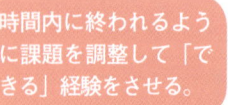

時計のまわりはすっきりとさせて目に入りやすくする。

五時になったから
片づけて
音読をしよう。
終わったらテレビ
をみようね

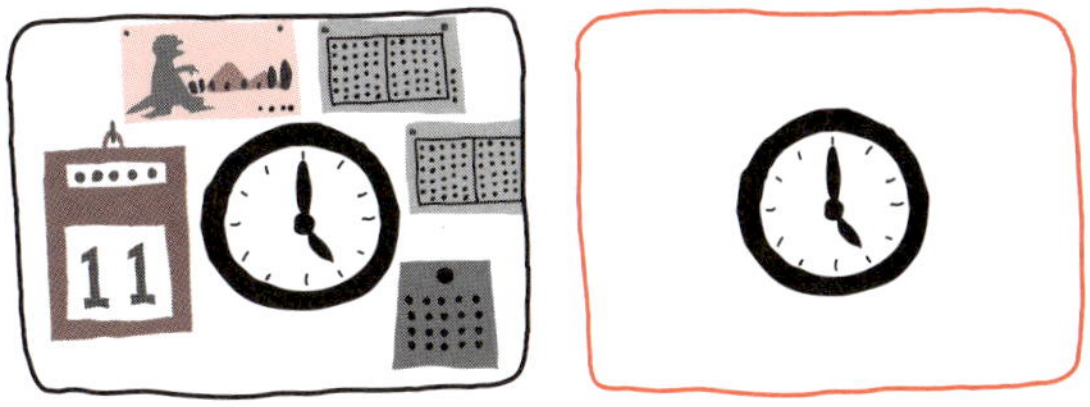

3 感覚面の偏り

家庭 気になる音などの刺激があると、それらに気をとられて約束の時間に気づかないことがあります。まずは気になる感覚を減らしましょう。そして、タイマーやアラームなどを利用して、時間を意識させます。毎日ある宿題などについては、おこなう順番をしっかり決めておくと習慣化しやすくなります。宿題が終わったら次に好きなテレビがみられるという順番にすると、さらに効果的でしょう。

学校 多くの情報から、自分が必要とするものを選択してくるのが苦手な子どももいます。例えば、時計が読める子どもであっても、時計の周囲にたくさんの飾りや掲示物があると、時計が読み取りにくくなります。注目してほしい場所やものがあるときはそれらの周囲を片づけ、子どもが注目しやすい環境をつくることが大切です。

時間を守るメリットを具体的に伝える。

八時に出発
できたから、
バスに間に合って
よかったね

時間を守ると
どんな いいことが
ありますか?
挙げてみよう!

4 相手の気持ちを読み取りにくい

家庭 子どもは、時間を守れず叱られることはあっても、時間を守る目的やメリットを知る機会はほとんどありません。時間を守る利点を具体的に伝えます。例えば、「時間を守ってくれたので、予定がうまくすすんでうれしいよ」などの声かけをしてあげましょう。

学校 「時間を守るべき」とだけ伝えるのではなく、クラス全体で時間を守る理由や必要性について話しあってみましょう。例えば、時間が守れなかったことで困ったことをテーマに考えてみると、具体的になり子どもにもわかりやすくなります。時間を守らないと友達に迷惑がかかることや、結果的には自分にも影響してくることなどを考えていくとよいでしょう。

⑤ 順番を守る

気になる言動

並んでいる人がいるのに横入りしたり、
無視して前に入ろうとする

一番でないと泣いたり、
暴れたりする

確認

□ 並ぶ位置を示してあげていますか。

□ 待ち時間を示してあげてますか。

□ 大人が順番を守っていますか。

スーパーのレジやバス停など、日常生活のなかで、私たちが順番を守る機会は多くあります。子どもも家庭という小さな世界から、公園での遊具、幼稚園や小学校のクラスなど、成長とともに順番を守る機会や人数はどんどん増えていきます。

家庭内で「順番を守ることは大切」と教えられていても、最近では核家族化がすすんでいるために、幼稚園に入ってはじめて順番を守るという経験をする子どもも少なくありません。しかし経験の少なさだけでなく、並んでいる人を差し置いて前に入ったり、順番を無視して遊んだり、「一番じゃないと嫌だ」と駄々をこねてしまう子どもがいます。例えば、登園バスに乗る際に「一番がよい」と何が何でも乗ろうとして、それが叶わないと大泣きして暴れて、家族や周囲を困らせます。公園では遊具の順番を待てずに、すべり台で並んでいる列に横から入ったり、すべる部分を逆から登って順番を守らない様子がよくみられます。

人数が多いと、何でも一番が好きな子どもも後ろに並ばなくてはいけません。長い列では先がみえずに待つ時間も長くなり、割り込んで前に行きたい思いをグッと抑える力が必要になります。**まずは、公園の遊具やスーパーなどで、**

ワンポイント
アドバイス

大切なのは、自己統制の力!!

●正しい生活習慣から

基本は自己をコントロールする力が育つかどうかです。自己コントロールは自己統制とも呼ばれ、自分の行動や感情をコントロールする力です。この力が育つと、自分の主張だけでなく、相手の視点に立った行動へと調整できるようになります。

自己統制力を育むには、まず生活習慣を整えることです。早寝・早起きの習慣や、おやつやジュースをとりすぎずに食習慣を整えることなどが基本になります。まわりの大人が寝坊していたり、ご飯代わりにおやつを食べているような環境では、子どもの自己をコントロールする力は育ちません。

●関係性も大事

順番を守らない大人はたくさんいます。電車を待っているときに並んでいても、いざ乗るときになると平気で横入りする人も多くいます。ルールはわかっているはずなのに、周囲が自分にとって関係のない人になると、人は勝手な行動を起こしやすくなってしまいます。

ここからもわかるように、周囲の人たちとの関係性もポイントです。子どもたちも、仲のよい友達同士や、自分より力関係が強い人であれば順番を守りやすくなるでしょう。まずは、子ども同士の関係性を高め、仲のよい子どもの集団で順番を少し待つことからはじめてみるとよいでしょう。

大人と一緒に列に並び、順番を守る経験からはじめましょう。待つ位置がわからないときには、大人が列を示してあげるとよいでしょう。また待ち時間がわからなくて不安になる場合は、「あと○人で○○ちゃんの番だよ」と声をかけたり、バスなどの到着時間は時計をみせるなどして待ち時間を示してあげるとよいでしょう。

誤解! 一番でなくても大丈夫

「何でも一番がいい」という気持ちは、いけないことではありません。一番になることは気持ちのよいことですし、この気持ちがあるから「もっと頑張ろう」という気持ちも生まれてきます。

このとき、かかわる大人は「次は一番になってね」、「結果はどうかな!?」と、子どもが一番になることや結果のみを評価するようなことをしないようにします。一番になろうとがんばることや、その経過を評価してあげることで、子どもは我慢したり、頑張ることが重要なのだと気づくことができます。一番になることよりも、社会的なルールを守ることが大切なのだということをまずは大人が示すことです。

順番を決めるルールをつくる。

今日のゲームは
○○君が一番、
○○君は二番

今日は○○君が
一番目ね。
だけど 明日は
二番目よ

1 自分をコントロールする力が弱い

家庭 順番を守れない子どもは勝ち負けにも敏感なところがあります。ゲームでは「勝ち」「負け」「ビリ」という表現を避け、「一番」「二番」とします。例えば二人で遊んでいるときに負けた場合は「二番」、三人のときは「三番」となります。そして、負けてくやしいときは『もう一回やろう』と友達にいえばいいんだよ」と伝え、怒ったり泣いたりせずにいえたときにはほめてあげます。

学校 活動をするときに、順番争いでトラブルになることがあります。そのような場合には、「今日は一番、明日は二番」と決める方法もあります。また、順番を意味する番号が書いてある札を渡しておいて、その番号を目印に守る方法もよいでしょう。いずれにしても、はじめは大人がつきそって誘導してあげるとよいでしょう。

「できなかったこと」でなく、「できたこと」に注目して自信をつけさせる。

列に並んで
順番が待てて
えらいよ

○○君
順番が守れたね。
みてたよ、
えらいね

2 自尊心が育っていない

家庭 「どうして順番を守らないの?」と責めてばかりいませんか。子どもは親に認めてほしい、みてほしいという思いが強いです。大人と一緒に並んだ場合でも、しっかりほめてあげ、「順番を守ったのでほめられた」と子どもが感じ取れるようにしましょう。

学校 周囲に評価されていないと、子どもは「自分はどうせダメなんだ」と感じて、大人に注目してほしくてわざと順番を守らないことがあります。順番を守れないとその活動に参加することは難しくなることを伝え、順番を守るように伝えます。順番を守れたときに注目すると、順番を守ることで注目されることに気づき、守れるようになります。

人の声が気になったり、体があたるのを嫌がる場合がある。

3 感覚面の偏り

家庭 人に触れられたり、人の声が気になって列に並ぶことが苦手だと順番を守ることができない場合があります。家族や仲のよい子ども同士などでは軽減されることがあるので、そのような少人数の人たちのなかから順番を守る経験をしていくことが大切です。

学校 人の体があたると非常に強い不快反応を示すことがあり、それが嫌で順番を守れないことがあります。並ぶ列の人と人の間隔をあけるようにしたり、周囲の子どもたちにも間隔をあけて並ぶように伝えるとよいでしょう。

順番が守られないとどんな気持ちがするかを体験させて考えさせる。

4 相手の気持ちを読み取りにくい

家庭 家庭でのゲームなどで、大人がわざと順番を守らない場面を設定してみましょう。そして子どもと一緒に「どんな気持ちがした？」、「順番を守らないことをどう思う？」、「どうすればいい？」、などを話しあい、順番を守ることの大切さを学習します。

学校 ロールプレイをしてみましょう。順番に並んでいるところに横入りする子どもが来て、「横入りはいけないよ」と周囲の子どもがいう場面を設定します。普段、横入りをしてしまう子どもに、周囲の子どもの役をさせてみることで、横入りされた人の気持ちを考えさせてみます。そのあとに、正しく順番を守る役もやらせてみます。順番を守れたことをほめられることで、実際の場面でいかせるようになっていきます。

⑥ がまんする

気になる言動

ゲームや遊びを終了できず
「まだ遊びたい！」と
大泣きする

ほしいものがあると
「買って！」と駄々をこねる

外出先で「帰りたくない」と逃げまわる

確認

- □ 簡単にやり遂げられる約束や取り決めからはじめていますか。
- □ 理解できるように約束事をわかりやすく示していますか。
- □ 大人が子どもとの約束を守っていますか。

子どもは二歳前後になると自我が芽生え、大人の提案や誘いに「嫌」ということが増えてきます。そして「もっと遊びたい」「お菓子を買って」と駄々をこねることも多くなります。また好きなこと・嫌いなことがはっきりしてくると、もっとやりたい・やりたくないと自分勝手な行動をとることが多くなり、大人は反抗的な態度に悩まされます。

ほしいものややりたいことをがまんするのは、大人にとってもつらいことです。ここでやめたらいつまた遊べるのか、やめて次に何をするのかなど、先の見通しが立たない子どもにとってはなおさらです。しかし、幼稚園や小学校、そして社会に出ていくなかで、すべてを思い通りにするのは難しく、「がまんする」という経験も大切になってきます。

はじめから大きながまんをすることは困難です。まずは短い時間や少ない回数で終わる約束を決め、がまんする経験をさせていきましょう。がまんのあとには、子どもにとって楽しいことやうれしいことが待っているように設定してあげるとよいでしょう。子どもも楽しいことが待っているからがんばってがまんしようと思えます。

対応で重要なこととしては、子どもが約束を

ワンポイントアドバイス

約束は変更せず毅然とした態度で!!

●約束は変更しない

外出先や店先で子どもが駄々をこねて、困ったことはありませんか。ここで子どものいいなりになってはいけないと思いつつも、周囲の目も気になるので、子どもの要求を不本意ながら受け入れてしまうという経験は誰しもあると思います。子どもは約束をしていても、まだまだ自分をコントロールする力が育っておらず、自分のいい分を通そうとします。

基本的な対応としては、何があっても途中で約束を変更しないことです。駄々をこねるようであれば、その活動を中止したり、いったん場所をかえて子どもが落ち着くようにするとよいでしょう。

●落ち着くグッズをもつ

その場から離れることができないような場所に出かけるときに、低年齢の子どもであれば、外出時に「これを渡せば必ず落ち着くもの」を一つだけ、子どもには内緒で準備しておきます。その子が大好きなものなら何でも構いません。いざというときの一品があれば、大人も少し余裕を持った対応ができるようになります。ただし、本当に大変な場面以外にはださないようにすることが大切です。

年齢があがれば、外出前に子どもと言葉での約束をしておきましょう。約束を守れずにがまんできない場合でも、大人は毅然とした態度で約束を守るようにはたらきかけることが重要です。約束を守れたときは十分にほめると、次も約束を守ろうという思いが育っていきます。

守ろうとしたり、守れたときには、しっかりほめてあげるようにし、大人が子どもとの約束を破らないようにすることです。子どもが納得できない理由で約束を破られる経験をしているようでは、がまんできるはずがありません。また、大人がつらいことでもがまんして成し遂げている姿を子どもにみせてあげることも大切になってきます。

誤解!

強制してでもがまんは必要?

子どもにいつもがまんをさせればよいわけではありません。年齢が低いと力関係で抑え込むことができます。しかし、そのようながまんの仕方を続けていると、いずれ子どもは成長とともに様々な力をつけてきて、結果的にがまんしなくなります。したがって、子ども自身が納得してがまんできる状況をつくること、そして、がまんできたことをほめることが大切になります。

子どもと事前に約束事を決めて、駄々をこねても毅然とした態度で臨む。

次のおやつの時間に食べようね
おやつもっとほしい

ブランコは十回こいだら交代《こうたい》します

1 自分をコントロールする力が弱い

家庭

おやつやジュースを決められた量以上にほしがる、ゲームをもっとしたいなどと大泣きされて親が子どもの要求に応えてしまうと、その行動を助長してしまいます。約束事を決め、大人は毅然とした態度で臨みます。例えばおやつをねだられても、「次のおやつの時間に食べようね」とだけ繰り返しいい続けると、子どもはあきらめやすくなります。子どものいうことに一つひとつ反応していると、子どもはあきらめにくくなりますので注意しましょう。

学校

子どもが駄々をこねている場面でいい聞かせても、よけいに駄々をこねる場合があります。遊びや活動をはじめる前に、「今日は～するよ」、「～したらおしまいね」など、子どもと約束事を決めておきましょう。紙に約束事を書き出しておいたり、書き出した内容を落ち着いているときに読ませるのも有効です。

ハードルは低く設定する。無理せず適切な役割にかえてあげるのも大切。

もう一回やってみよう

とぶのが苦手だったら、縄をまわす係をしてね

2 自尊心が育っていない

家庭

子どもが自信過剰もしくは過少である場合、がまんすることは難しくなります。はじめは、短い時間や期間、回数からがまんする経験をしていきましょう。決めたことができたとほめられると適切な自信がついて、がまんする力が育っていきます。

学校

苦手な課題や学習に取り組むのはつらく、がまんを強いられます。子ども自身ががんばることも大切ですが、場面に即して役割をはたせるように配慮することも必要です。例えば、大縄とびでとぶことが苦手でどうしてもおこないたくない場合には、縄をまわす役や回数を数える役をおこなってもらうなどです。

身近な人とおこない、少しずつ苦手な感覚に慣れさせる。きちんと終わりを示すのも大切。

粘土楽しいね

あと十分遊んだら手を洗いましょう

3 感覚面の偏り

家庭 苦手な感覚のある活動を無理におこなうとますます嫌いになってしまうので、苦手な感覚の原因を取り除き、少しずつ慣れていけるように配慮します。苦手な感覚であっても、信頼できる家族や友達とであればがまんしやすくなるので、はじめはそのような人たちと一緒におこなうとよいでしょう。

学校 手に泥がつくことや大勢の声が苦手な子どもは、すぐに手を洗いたがったり、静かな場所に行きたがったりします。苦手な感覚刺激を取り除く工夫も大切ですが、例えば「あと十分遊んだら、手を洗いましょう」などと、どこまでがまんすればよいのか見通しを立ててあげるとがまんしやすくなります。

がまんしないことで起こるマイナス面を自ら気づけるようにはたらきかける。

ルールを守らなかったらお友達はどう思うかな?
嫌な気持ちがする

約束を守ってくれてうれしいよ

4 相手の気持ちを読み取りにくい

家庭 相手の気持ちがわかりにくいと、勝手にルールをかえたり、途中でやめたりと、がまんすることが難しくなります。まずは大人と一緒にルールについて話しあいます。ルールを守らないと友達が嫌な思いをして遊んでくれなくなり、結局自分が嫌な思いをすることを自ら気づかせてあげることが大切です。

学校 がまんできないことで、周囲の人たちにどのような迷惑がかかるかを考えていく必要がありますが、はじめは難しいでしょう。まずはその子どもが無理なくできる内容から約束して、その約束を守れたときに、「約束を守ってくれてうれしいよ」と気持ちを伝えていくことからはじめます。子どもが、相手の気持ちに気づくようにはたらきかけることが大切です。

⑦ 物事にこだわる

気になる言動

同じものをたくさん集めて並べる

クルクルまわるものを
じっとみつめる

いつもの道順と違うと
「この道じゃない！」と大泣きする

確認
- □ 三か月以上続いていますか。
- □ 生活や安全に支障を及ぼすものですか。
- □ こだわってよい場所や時間を決めていますか。

行動や興味が特定のものに限られていることや同じ動作を繰り返すこと、時間や手順の変化を極端に嫌うことなどを「こだわり」といいます。具体的には、ミニカーやカードなど同じものばかりを集めて遊ぶ、場所や時間を変更できない、決まった道順で行かないと怒る、同じ靴や洋服しか着ることができないなどがあります。ほかにも、タイヤや換気扇などクルクルまわるものを見続ける、高い所にあがりたがる、水遊びや砂遊びばかりをするなど、様々なこだわりがあります。また、入浴時に洗いはじめる場所が決まっていたり、靴下をいつも右から履くなど生活の習慣となっていることも一種のこだわりといえます。

このようにこだわり自体は悪いものではありませんが、そのこだわりによって予定がすすまないなど生活に支障がでたり、急に道に飛びだして危ないなどの安全を脅かす場合には対応が必要になってきます。また、こだわりがあることで子どもの興味や関心が広がりにくくなると、ほかのことや新しいことに取り組むのが難しくなり、結果的に子どもの様々な発達を促すチャンスが減ってしまう可能性もあります。

こだわりへの対応のポイントは、こだわってよいこと・いけないこと、こだわってよい時間

ワンポイント
アドバイス

こだわり行動の理由を理解して

●続いても三か月と割り切ることも

こだわりは、ずっと続くものではありません。どんなに強いこだわりも、好きなだけやらせてあげれば三か月程度で減少またはなくなっていき、次の対象に移っていったりします。まずはすべてをなくそうとせず、「〜の時間だけ」「○回だけ」などと、現実的に達成できそうな目標を立てて対応することです。無理にやめさせたり、好きなものを隠したりすると、子どもにとって不安やストレスがたまり、よけいにこだわりが強くなることもあります。

●こだわりの世界を大人も体験してみる

子どものこだわり行動をまねしておこない、こだわりの世界を大人が体験してみてもよいでしょう。もしかしたら、こだわる理由がわかるかもしれません。そして、ときには子どものこだわりを大人が一緒に楽しんでみるのも一つの方法です。子どもは、大人が共感してくれることで安心でき、結果的にこだわりの期間が短くなることがあります。

「こだわりを何とかしなくては……」と減らす努力をするよりも、まずは子どもにとってそのこだわり行動は必要に迫られておこなっていることだと、理解してあげることが大切です。

や場面、いけない時間や場面などを明確にすることです。明確にしたら、それを子どもに伝えて守らせていきます。また、こだわりをうまく活用していく方法もあります。こだわる内容というものは、子どもにとって好きなことですので、その才能を伸ばすことで将来に役立つこともあります。虫へのこだわりのある子どもなら、虫について学ぶ機会を増やすことで生物学者として成功する可能性もあるのです。

誤解！

こだわりはよくない？

物事にこだわることは必ずしもいけないことではありません。こだわりをうまく伸ばしてあげることで成長する場合もあります。例えば、水遊びの好きな子どもに風呂掃除を教えてお手伝いにする、漢字が大好きな子どもと漢字クイズをするなかでコミュニケーション能力を高めるなど、子どものこだわりをうまく発達につなげていくことが大切です。また、本人だけでなく、家族や周囲の人にとっても役立つ、楽しめるような活動に変化させていくことで、同じこだわり行動でも問題とならなくなっていきます。

全面禁止はダメ。していい、してはいけないの区切りをつけることが大切。

ミニカーは一個だけ持ってお出かけしようね

このゴムボールは○○君が勉強に集中するための道具です

1 自分をコントロールする力が弱い

家庭 好きなことを禁止されると子どもにもストレスがたまります。まずは、こだわってよい場面とよくない場面を明確にすることが大切です。こだわる行動の時間や回数を決めて、安全で他者の迷惑にならないものであり、こだわっても構わない場面であれば、子どもの好きにさせてあげましょう。

学校 家庭同様、すべてを禁止されると子どものストレスとなり、ほかの部分にこだわりがでてくるかもしれません。安全で他者の迷惑にならないこだわりは、「教室のなかだけ」、「休み時間だけ」と場所や時間を区切って許します。このときに、ほかの子どもにもその旨を説明し、こだわりのある子どもの行動をからかったり妨げないようにします。

自信をつけさせてほかのことにもチャレンジできるように仕向ける。

一人で上手に着替えたね。すごいね。この服を着たところもみたいな

○○君の絵先生は好きだよ

2 自尊心が育っていない

家庭 自分に自信が持てない子どもは、ほかの活動や新しいことにチャレンジできず同じことばかり繰り返し、結果的に「こだわり」とみられることがあります。まずは子どもが確実にできることを認めてほめてあげると子どもの自信につながり、新しいことにチャレンジする原動力になります。

学校 うまくできた体験の積み重ねが自尊心を育てていきます。例えば、うまく絵を描けなくて、いつも同じ絵を描くことがあります。このように、防衛的にこだわっている場合には課題の難易度を調整し、こだわり自体を否定しないことも大切です。こだわりも基本的に受け入れるといった姿勢が必要です。

感覚が苦手でやらないことも。逆に好きな感覚で欲求を満たすのも大切。

3 感覚面の偏り

家庭 大好きな感覚があると、それに没頭したり、ほかの遊びに移れないことがあります。反対に嫌いな場合には、苦手なものを避けるために、できることばかりをしてしまいます。まずは、子どもの好きな感覚・苦手な感覚を把握しましょう。例えば、砂が好きでただ触っている子どもの場合には、一緒に山をつくってみるなど、同じ感覚の遊びでもその内容に変化をつけていくことで活動に広がりがでてきます。

学校 こだわる感覚をうまく活用してみましょう。例えば、水が大好きであれば、花の水やり係に任命して、その係のなかでこだわる感覚を満たせるようにしていきます。欲求が満たされることで、むやみに水道の水で遊ぶようなことが減っていきます。

迷惑をかけている友達から直接気持ちを伝えてもらうのも一つの方法。

4 相手の気持ちを読み取りにくい

家庭 相手の気持ちを読み取りにくいことで何をしてよいかわからず、家のなかをウロウロ歩くなど、ある一定パターンの行動になっている可能性もあります。「何を期待されているのか」が自分でわかるように、具体的に説明してあげることが大切です。

学校 例えば洋服のタグが気になって、相手が嫌がっていてもその気持ちを理解しようとせずに、自分のこだわり欲求だけにしたがってそのタグをみたがることがあります。このような場合には、その相手にはっきりと「やめて」といってもらうようにします。こだわり行動で迷惑を受ける本人からの意見が有効な場合があります。

8 勝手な行動をとる

気になる言動

ほかの子どもと
一緒に遊ばない

勝手なルールを主張する

決められたことに参加せず、
一人だけ別のことをする

確認

- □ 今、何をするべき時間か理解していますか。
- □ ルールを理解していますか。
- □ わかりやすいルールを提示していますか。

幼稚園や小学校など、集団での活動にはルールがつきものです。このルールは、皆が安全に、楽しくできるようにと決められたもので、子どもにはルールにそって活動することが求められます。しかし、子どものなかには、砂場で遊ぶ時間なのに勝手にブランコに行ってしまう、泥んこ遊びに参加しない、文字を書く課題で一人だけ絵を描いている、自分独自のルールを主張するなど、皆で一緒に活動しなくてはならないときに一人だけ違う行動をしてしまうことがあります。このような行動をする子どもは、「勝手な行動をする子」と評価され、注意を受けることが多くなってしまいます。

　そうした子どもは、はたしてわがままで勝手な行動をしているのでしょうか。きっと子どもなりの理由があるはずです。遊びたい気持ちを抑えられない子どもは、自分の遊びたい遊具へと走って行きますし、課題が難しいと思うと子どもは自分ができそうなことへと活動をかえることもあります。**まずは「今、何をするべきかをわかっているか」、「ルールの理解はできているか」を確認する必要があるでしょう。また、子どもの好きな活動や遊び、嫌いな活動や遊びを知ることで、子どもの感覚の過敏さや鈍感さ、好みを確認することができます。これらを確認**

することが、対応策の手がかりとなります。

どうしても皆とは別の行動をしたくなるようなときには、何もいわずに勝手に別のことをするのではなく、教師などに自分の意思を伝えて交渉していく力を育てていくことも大切です。

誤解！ 聞き分けのよい子がいい子？

大人にとって子どもの勝手な行動は困りものですが、それは成長のなかで必ずでてくるものです。逆にまったく困らせない子どものほうが、思春期以降に問題が現れることがあるので要注意です。年齢の低いうちに勝手な行動に対応するほうが、大人にとっても子どもにとってもよいのです。

ワンポイントアドバイス

勝手にみえる行動も、子どもにとっては適応するための行動

●予定は事前にわかるように伝える

ルールやスケジュールにそった行動をしてほしいと思うときには、事前に予定を伝えることが大切です。例えば、外出するときには前日の夜に話し、朝や出かける前にもう一度確認してみます。

このとき、一方的に大人が伝えるのではなく、子どもが理解し、納得できるような形で伝えることが大切です。文字がわかる子どもには、約束事を短い文章で書き出してあげます。文字のわからない場合には、写真やイラストなどを使って、行先やそこですることなどを伝えてあげるとよいでしょう。また急なスケジュールの変更があったときにも、子どもに事情を説明して伝えることが大切です。

●勝手な行動にも理由がある

大人にとっては勝手な行動に映っても、子どもにとっては勝手な行動ではないことを認識することが大切です。子どもが場面に適応するためにおこなっている行動だと理解していくことで、大人側も、ただ怒ったり注意するだけの対応は減っていきます。

まずは、子どもの行動をすぐに否定するのではなく、なぜそのような行動をしたかったのかを聞いてあげることです。子どもに自分なりの理由を説明する経験を繰り返しさせて、「じゃあ、どうしたらいいかな？」と冷静に聞いて一緒に考えることで、子どもは次第に勝手な行動をしなくなっていきます。

危険な場所は手をつなぐ。学校では注目を浴びる機会を設ける。

危ないから手をつなごうね

○○さん、これは何かな?

過干渉・過保護は発達を妨げる。自信のない子どもは防衛反応として勝手とみられる行動をとることも。

様子をみるか

縄とび苦手……

1 自分をコントロールする力が弱い

家庭 勝手に家から出ていったり、外出時の勝手な行動は、交通事故に遭うなど非常に危険な場合があります。家から勝手に出てしまう場合は子どもが開けられない鍵をつけ、外出時の危険な場所では手をつなぐことを徹底します。鍵を取り付けた場合には、子どもには鍵を開けるところをみせないようにします。

学校 勝手な行動と思われやすいものの原因を確認する必要があります。掲示物や教材など子どもが気になるものがあるようなら、みえないようにするとよいでしょう。授業中には、適切な行動をしているときに声をかけたり、定期的に発言させる機会を与えるなど、注目されることで勝手な行動は減っていきます。

2 自尊心が育っていない

家庭 親から叱られることが多かったり、過干渉・過保護の場合には、自尊心が育ちにくい状況になります。子どもは自立していくために自我を発達させ、自分の考えで行動をしていくのですが、それは大人からみると勝手な行動にみえるときがあります。しかし、安全の確保があれば、様子をみることも大切です。失敗があっても、長期的にみれば子どもにとってプラスになるでしょう。

学校 自信がなく苦手だと思っていたり、教師やクラスメイトに自分の思うような評価を受けられないと感じたときには、その場から逃れようと勝手な行動にでることがあります。子どもにとっては自己防衛的な行動なので、その子どもができていることを具体的に伝え、子どもなりのがんばりを評価していくことが大切です。

苦手な原因をみつけてそれを取り除く。

3 感覚面の偏り

家庭 苦手な音や感触などから逃れるために勝手と思われる行動を起こしていることがあります。シャワーを避けてお風呂を嫌がったり、糊が嫌いで工作遊びをしないなどです。どれだけがまんしたらその活動が終わるかがわかると、勝手と思われる行動は減りますので、回数や時間を明確にして対応してみましょう。

学校 子どもに苦手な感覚があるときには、その活動に参加できず、勝手な行動をとらざるを得ないことがあります。例えば、砂を触るのが苦手な場合は手ではなくスコップを使用するなど、苦手なものがある場合にはそれが何であるかを探り、活動自体はかえずに、苦手な要素だけを取り除いてあげるとよいでしょう。

できたことをしっかりほめる。子どもたちにルールを決めさせるのもよい。

4 相手の気持ちを読み取りにくい

家庭 ルールを守れたときは、「ルールを守って遊べたので楽しかったね」、「ルールを守れてえらいね」とルールを守れたことをほめてあげましょう。「今日は勝手な行動をしなかったね」という声かけでは、子どもはうれしくありません。子どもの「できたこと」をしっかりほめてあげることが大切です。

学校 子どもが話しあって活動やルールを決める機会をつくってみます。子ども同士で難しい場合には、信頼関係ができている大人が入りましょう。自分が提案したルールであれば納得して、場面にあった行動がとりやすくなります。このような経験を通じて、「自分の意見も聞いてもらえたから、次は人の意見も聞いてみよう」と思いやすくなります。

9 場面の切り替えができない

気になる言動

皆が帰っても
一人だけ遊び続けている

「もっと遊びたい！」と
泣きながら駄々をこねる

確認

- □ 時間の感覚は持っていますか。
- □ 活動内容や一日のスケジュールを把握していますか。
- □ 活動やスケジュールをわかりやすく提示していますか。

教師が「この遊びはおしまい」といい、ほかの皆は教室に帰ったのに、一人だけなかなか帰ろうとしない、いつまでも遊び続けている。そんな子どもはいませんか。

きっと、子どもにとってその活動がとても楽しく、終わらせたくないものなのでしょう。しかし、次の活動に移らないと、子ども自身が困ったり、予定通りにすすまないことでまわりの人も困ってしまうなどの支障がでてくることがあります。

大人は、活動の流れやその日のスケジュール、時間配分などを今までの経験から感覚的に理解していることが多くあります。しかし、子どもは楽しい活動を終わらせることや、先を見越して行動することは苦手です。時間の感覚もあいまいですし、スケジュールにあわせて時間配分を考えることも難しい状態です。そのような状況では、大人の都合で場面を切り替えてスケジュール通りに動くことが難しくなってきます。

まずは文字や写真を使って、子どもがわかりやすい方法でスケジュールを示してあげるとよいでしょう。子どもも次に何をするかがわかると、安心して活動できます。大切なことは、スケジュール表や大人の声かけなどを利用してでもうまく場面を切り替える経験をし、子どもが**「自分でできた。またやりたい」と思えるように支援することです。**成功体験を通じて、子どもは怒られながらではなく、スムーズに場面の切り替えをすることが、自分にとってメリットであると身を持って理解していくでしょう。

誤解!

子どもが納得して終われる工夫を

　子どもが場面を切り替えられないからといって、強引に次の場面に連れていっても逆効果です。子どもの「やりたかった・遊びたかった」という思いは消えませんし、大人に遊びを中断された残念な思いばかりが残ります。

　スムーズに場面を切り替えるためには、予め次の予定や、終了までの回数や時間を具体的に伝えるなど、その活動を終わらせる工夫が必要です。

ワンポイント
アドバイス

時間のあるときに大好きな活動を好きなだけ!!

●満足感がよい影響を与える

　好きなことをいつも途中でやめさせられてばかりでは、子どももおもしろくありませんし、「もっと遊びたかったのに」という後悔の気持ちばかり残ってしまいます。時間のあるときには、子どもがずっとおこないたい大好きな活動を、好きなだけやらせてあげましょう。満足した経験をすることで子どもは少し余裕がでてきます。結果的に、途中で場面を切り替える状況に対しても対応しやすくなります。

　また、どれくらいその活動をすると子どもが満足できるのかを知ることができます。一般的なルールに縛られすぎることなく、安全を確保した状況であれば、子どもが自分から「もういい」というまでやらせてみる余裕が大人には必要です。子どもが集中して遊べる時間を知ることで、家事をする時間を確保できたり、短時間の留守番につなげることもできます。

●子どもが落ち着くまで待つことも大切

　子どもが、場面を切り替えられずに混乱しているときは、大人は慌てず毅然とした態度で、子ども自身が落ち着くのを待ちます。このような体験は、子どもの自己コントロール力を成長させ、自尊心も発達させていくことができます。

キッチンタイマーや学校のチャイムなど時間の区切りを告げる道具を活用する。
ああ、もう終わりの時間だ
あと五分でチャイムが鳴るよ

1 自分をコントロールする力が弱い

家庭 人に終わりを告げられると反発したり、勝手な理由をつけてなかなか場面を切り替えられないことがあります。このようなときは、キッチンタイマーを使ってみましょう。鳴ったら終わりとしておくと意外に切り替えられることもあります。大切なのは鳴ったときに毅然とした態度で終了を促すことです。子どもが終わろうとしない場合は、大人が片づけて終わらせます。

学校 毎朝、その日の時間割を確認するとよいでしょう。そして、チャイムにあわせて場面を切り替えることを練習していきます。いきなり鳴るチャイムで切り替えられないときには、「あと五分でチャイムが鳴るよ。鳴ったらおしまいね」と具体的に予告してあげるとよいでしょう。

失敗してもよいことを伝える。学校ではハードルを低く設定し、できることからはじめるのが大切。
失敗しても大丈夫だよ。手伝うからね
芋虫みたいにゴロゴロ転がる練習からはじめます
でんぐり返しは苦手だな……

2 自尊心が育っていない

家庭 次の活動に自信がない子どもは、場面を切り替えられないことがあります。「失敗しても大丈夫」、「うまくできないときは手伝うよ」と声かけをして、子どもの活動を保証してあげるとよいでしょう。また、子どもができたときには、ともに喜んであげることで場面が切り替えやすくなるでしょう。

学校 子どもに苦手な活動や教科がある場合には、スムーズにその場面に切り替えにくくなります。このような場合には、子どもが確実にできる課題をはじめにおこなうようにしてみます。導入がうまくいくことで、場面を切り替えやすくなります。

大好きな感覚はずっとやってしまうので、予め時間・回数を決めておく。

3 感覚面の偏り

家庭 おこなっている遊びや活動に、非常に好きな感覚があったり、逆に、苦手な感覚がある場合には、場面を切り替えることが難しくなります。好きな感覚と嫌いな感覚をしっかり把握することが大切です。どちらの場合も、活動の時間や回数を決めて少しずつ慣れていくことが大切です。

学校 好きな遊びは長く続け、苦手な感覚であれば早く終わらせたいものです。子どもの特徴を把握し、活動をはじめる前に時間や回数を決めておき、それが守れたらその子どもの頑張りをクラス全体で認める場面づくりを設定するのもよいでしょう。

音楽などを使い場面を切り替えるきっかけをつくる。

4 相手の気持ちを読み取りにくい

家庭 スケジュールを示すときに、ただ「～に行きます」と予定を伝えるだけでは、子どもは場面を切り替えられません。場面を切り替えるために、事前に「～に行くので、おもちゃを片づけてくれるとうれしい」というように、その理由と具体的には何をすればよいのかを説明してあげるとよいでしょう。

学校 まわりの人は場面を切り替えたいということが、子どもには伝わりにくいことがあります。言葉でわかりにくい場合には、音楽をかえてみるなど、場面を切り替えるのだと子ども自身が気づけるような工夫をしてみましょう。例えば、昼休みが終わり掃除の時間になったら教室内に音楽を鳴らし、音楽が鳴っている間は掃除をするなどです。

⑩ 場面に馴染みにくい

気になる言動

子どもが大勢いるなかで、輪に入れず一人で遊ぶ

皆で歌を歌っているのに
一人だけ黙っている

確認

- □ はじめての場所や友達ですか。
- □ 興味深げにながめていますか。
- □ 活動の内容は理解していますか。

公園や児童館に行っても、ほかの子どもが遊んでいるなかになかなか入っていけず、結局一人で遊んでいることはないですか。またはじめて行く場所では、一人で行動できず、いつも親のそばにいるということはないでしょうか。子ども自身は周囲の様子をみて、楽しそうだなと興味は示しているはずです。しかし、はじめての場所や慣れない人、あまり接することのない集団に対して、自分がどのように行動し、そのなかにどのように参加すればよいのかがわからずにいることがほとんどです。大人でも知らない国に行って、すぐにその国の踊りに参加できないのと同じです。「さぁ遊びなさい」といきなり背中を押されたり、無理やり輪のなかに入れられると、不安感が高まり、その場にいることや遊ぶことがストレスにもなります。

子どもには子どものタイミングがあり、参加の仕方があります。まずは、その場にいて、同じ場所で過ごすことからはじめるとよいでしょう。ほかの子どもが遊ぶ様子をみて、遊びや活動のイメージができると、不安感も少なくなるはずです。そして、親や顔見知りの人などがみえる位置で少しずつ参加していくとよいでしょう。

子どもが様々な場面に馴染むための基本は、

ワンポイントアドバイス

子ども自身が「やってみたい」と思うことを!!

●数多く参加することを目標にしない

「早く集団に参加させたい」「多くの経験をさせたい」と思い、公園や児童館、育児サークルなどいろいろな場所へ子どもを連れて行っていませんか。そのような親の気持ちも知らないで、子どもは相変わらず一人で遊んでいて、がっかりしたり、焦る気持ちで葛藤する人も多いと思います。また、子どもによかれと思い、多くの習い事をさせることが、かえって子どもの負担になっていることもあります。

　子どもに様々なチャンスを提供することは非常に重要ですが、無理強いするのは効果的でありません。大切なのは、様々な場面への参加を目標にしないことです。年齢の小さい頃に親から無理に離された経験をした子どもは、心の底に常に不安を持つことになります。

●なじみの場所が一つあれば自信につながる

　優先順位を決め、まずは子どもが安心して遊べる馴染みやすい場面(場所)を一つでもつくることです。一つの場面に繰り返し行き、少しずつ慣れていくことが大切になってきます。公園などは、いつ誰が来るか不安に思う子どももいるので、近所に住む子ども数名と集まって遊ぶなど、メンバーの変化が少ない場面からはじめるとよいでしょう。

　子どもは馴染みやすい場面が一つでもできると自信がついてきて、「もっとほかの場所でも」と自然とその場面は増えていくものです。子ども自身が「やってみたい」と思うことをたくさんさせることが重要なのです。

親子関係にあります。親と子の関係が十分とれることで、親以外の世界に自ら出ていくことができるようになります。子どもは親を安全基地としており、新たな世界を体験するたびに戻ってくるのです。親は、その安全基地としての役割を自覚し、安心できる存在になりたいものです。

誤解！

突き放すほうがよい?

　子どもを抱きかかえてほかの子どものなかに入れたり、ほかの子と遊びなさいと突き放しても、効果はありません。子どもは、どうしたらよいか不安な状態なのに、大好きな大人にますます不安になるようなことをされるとストレスとなります。このストレスによって、夜泣きを起こしたり、夜驚症《やきょうしょう》になることもあります。大切なのは、子どもが安心感を持って遊べる環境をつくることです。

まずはその場にいたり、一部分の参加からはじめてみる。

楽しそうだね

十分だけここに座っていよう

1 自分をコントロールする力が弱い

家庭 はじめから活動に参加しなくても大丈夫です。まずは、友達がおこなっている活動の場にいるだけ、その様子をみているだけでも構いません。家に帰ってきてから、「今日は○○君が～をしていたね。どうやっていたかな?」と、子どもと一緒に再現してみましょう。

学校 運動会や発表会などの行事では、皆で活動することを求められます。子どもには、その日のスケジュールを事前に伝えておき、どの活動に参加するかを子どもと一緒に決めるとよいでしょう。はじめからすべての活動に参加することを目標にするのではなく、「～だけしよう」「○分だけいよう」と一部分でもその活動に参加できるように設定するとよいでしょう。

良好な親子関係が基盤となる。学校ではできる役割を与えてみる。

今日は何して遊ぶ?

よいしょ

2 自尊心が育っていない

家庭 新しい、または慣れない場所で、親から離れて遊べないことがあります。親子関係の発達が不十分な段階ならば、まずは親子でたくさん遊びましょう。子どもが自ら離れていけるようになってきたら場面を広げていきます。

学校 子どもは「自分にはできなさそうだ」と感じると、その活動に参加すること自体が難しくなってしまいます。まずは、「次の音楽では○○を歌うよ。リコーダーはしなくてもいいけど、歌は大きな声で歌ってね」などと、子どもが確実にできる内容を具体的に伝えてあげましょう。また、道具の準備係など子どもができることを役割として与えるのもよいでしょう。

3 感覚面の偏り

家庭 子どもに苦手なものがあると、場面に馴染みにくくなり、活動に参加することが難しくなります。家庭では、苦手な感覚も遊びのなかで経験する機会を設けていきましょう。このときに、無理強いすることは絶対に避けます。大好きな家族が楽しそうに遊んでいたら、子どもも「自分もやってみよう」という気持ちになるはずです。

学校 砂遊びや粘土遊び、プールなど、活動に苦手な感覚があると子どもはなかなか場面に馴染めません。そのようなときには、場所だけは同じにして違う遊びをする、もしくは活動自体はかえずに苦手な感覚を取り除くなどの工夫をするとよいでしょう。

4 相手の気持ちを読み取りにくい

家庭 相手が自分にどのようにかかわってくるのかがわからない場合に、場面に馴染みにくいことがあります。いきなり大きな集団場面に入るのではなく、少人数で好きな活動からはじめてみましょう。友達などの相手も同じ内容を楽しめることで、「この〜楽しいね」と互いに共感でき、馴染みやすくなります。

学校 お楽しみ会や誕生会などで、工作などをクラスメイトの皆とつくりあげる経験をしていくとよいでしょう。このときに、子どもの能力が問われないような活動を選択することが大切です。子どもは、一緒に楽しんだ仲間やがんばった仲間がいる場面では、自分も活動に参加しようと思うようになるでしょう。

11

基本スキル

予定外のことに対応できない

気になる言動

予定が雨で中止になっても、外に出たがる

今日は公園に行けなくなったのよ

遊びに行けなくなって泣きじゃくる

月
火
水
木
金

行事のときに
「時間割には書いてない」と怒る

確認

- □ 前日にスケジュールの確認をしていますか。
- □ 変更するときはその理由を具体的に伝えていますか。
- □ 子どもの主導でスケジュールを立てることはありますか。

急な予定の変更があったとき、子どもはスムーズに対応できますか。小学校に入ると運動会の練習や避難訓練など、時間割にはのっていない行事が入ってくることもあります。子どもの年齢が小さく、遠足やプールなどの楽しみにしていた予定であればあるほど、変更を受け入れられずに嫌がったり、駄々をこねたり、泣いて暴れたりすることもあるでしょう。そこまで派手に嫌がらないにしても、小学生でも予定外のことには参加しない、なかなか活動に取り組まないなどの行動がみられることがあります。

子どもは、予定の変更に弱い存在だということをまずは理解することが重要です。自分をコントロールする力が発達する途中なので、予定の変更を受け入れられなくて当然なのです。大人のものさしで考えることは、子どもにとっては負担になってしまいます。しかし、予定の変更にも対応できる力を育てていく必要があるので、予定の変更をせざるを得ないときがその発達のチャンスとなります。**そこで大切なのは、予定の変更は大人の勝手な都合や意地悪ではなく、きちんとした理由があることを伝えることです。**子どもがわかるように説明し、どこで、何を、どれだけしたら終われるか、もしくは元の予定に戻れるのかといった具体的な見通しも

ワンポイントアドバイス

前日にスケジュールを確認する習慣を!!

●前日にスケジュールを具体的に確認する

急な予定の変更は誰しも苦手なものです。まずは前日に翌日のスケジュールを子どもと一緒に確認しておくとよいでしょう。前日に確認することで、大人も安易に予定を変更しないように注意することができます。スケジュールは口頭でも構いませんが、ひらがなが読める場合には書き出しておき、まだ字が読めない場合には写真やイラストを使って、みてわかるようにしておくのもよいでしょう。

また、スケジュールを伝えるときには、予定通りにいかない場合もあることを事前に伝えておくことも大切です。予定の変更があった場合には、文字や写真で示したスケジュールに追加し、変更事項には「どこで、何を、どれだけしたら終わる、もしくは元の予定に戻る」かもあわせて示してあげるとよいでしょう。そして、改めて一連のスケジュールを子どもに伝えてあげましょう。

●子どもに主導権をあずける

ときには、子どもの希望にあわせて行動する機会をつくってみましょう。子どもに主導権を与えることで、子どもは満足しやすくなります。このような体験を通じて、予定の変更に対応する力の基礎が育っていきます。

伝えるとよいでしょう。

また、予定の変更が起きたときには、大人も不安になったり焦ったりと、いつものように落ち着いて行動することが難しくなります。経験が少なく、先の見通しが立たない子どもにとってはなおさらです。予定の変更によって、子ども自身が一番つらい思いをすることを親や大人も理解し、極力変更が少なくてすむように対応してあげましょう。

誤解! 受け入れるまでには時間がかかる

「どうして〜できないの」と予定変更に対応できないことを叱っても、効果はありません。親も変更したスケジュールにそって行動したいのにとイライラしてしまうでしょうが、子どもも予定を変更されたことで、驚いたり、ガッカリしながら、その変更を受け入れようとしている最中なのです。子どもの気持ちを考えて、共感することも大切です。

変更理由は具体的に伝える。変更の可能性があるものは事前に伝えておくことも大切。

今日は公園に行って買い物に行く予定だったけど、お店が休みだから公園だけ行って帰ろうね

もうすぐ運動会だから急に全体練習が入って、時間割が変更することもあります

1 自分をコントロールする力が弱い

家庭 予定外のことを受け入れるためには、それに対応する自己統制力が必要になってきます。理由とともに変更内容を伝え、そのなかで子どものすべきことを具体的に伝えましょう。親や大人も、予定外のことが早く終わるように努力し、変更に対応できないからといって子どもを叱るのはやめましょう。

学校 学校行事などで予定の変更が起こる可能性がある時期には、例えば、「運動会の練習がはじまると、急に全体練習が入ることもあり、時間割を変更することがあります」と事前に伝えておくことが大切です。子どもも心の準備ができ、予定変更の理由を受け入れやすくなります。

予定が変更されても次はどうするか、何をするかを具体的に伝えて不安を取り除く。

予定が変更になってごめんね。必ず来週は行くから我慢してね

今日は雨だからプールは中止なの。リズム遊びをするから体操着に着替えて体育館に行こうね

2 自尊心が育っていない

家庭 楽しみにしていた予定を変更されたら、「どうせ僕との約束なんて……」と自分は大切に思われていないと感じてしまうかもしれません。普段から子どものことは大切に思っていることを伝え、予定変更の埋めあわせを約束するのも必要です。そして、約束は必ず守るようにしましょう。

学校 自分に自信が持てない子どもは、予定外の内容が、経験のないものや苦手なものかもしれないと不安になったり、その活動は上手にできないと思い込み、対応できないことがあります。予定が変更になったときには、そこで子どもが何をすべきかを具体的に伝え、難しそうな場合には子どもができる内容のみを伝えるようにします。担任との信頼関係の形成がポイントとなります。

かわりにトランポリンをやろうよ
故障中

同じ感覚の得られる別の遊びに変更する。苦手な感覚は事前に体験させておくとよい。

避難訓練のときにはこのような音が鳴ります
ウ〜
ウ〜

3 感覚面の偏り

家庭 決めていた遊具が使えないからといって、まったく遊べなくなると子どももおもしろくありません。遊びの場面では、同じ感覚が得られるような別の活動を提供してみましょう。例えばブランコが大好きな子どもなら、揺れる感覚やスピード感を味わえるトランポリンやスクーターボードなどに変更するとよいでしょう。

学校 予定外の行事に避難訓練などがあります。大きなサイレンの音、大勢の人と移動したり、列に並んだりするなど、聴覚や触覚に過敏さを持つ子どもにはつらいものです。子どもの苦手なことを理解し、サイレンの音を事前に小さな音で聞かせておく体験や、耳栓を使う、サイレンの音を光にするなどの工夫が必要です。

公園で遊べなくてお母さんも残念だよ。だけど、今日はお家で遊ぶことにしてくれてうれしいよ

子どものつらい気持ちを理解し、受け入れてくれたときにはうれしい気持ちを伝え、できたことをほめてあげる。

急な変更でつらかっただろうけど、発表会の練習に参加してくれてうれしかったよ

4 相手の気持ちを読み取りにくい

家庭 予定の変更は子どもだけでなく、「〜できなくて残念だよ」と親や大人もつらいものであることを伝えましょう。そして、子どもが予定の変更を受け入れてくれた場合には、応じてくれてうれしい気持ちを伝え、変更した予定が終了した場合には、ほめてあげましょう。

学校 「どうして〜ができないの!!」と変更の受け入れができないことを叱っても、子どもは反抗しているわけではないので意味がありません。変更の理由を聞き入れたり、変更に一部分でも応じたときにほめてあげることが大切です。このときに、「急な変更でつらかっただろうけど、〜してくれてうれしかったよ」と子どもの気持ちに共感する言葉もかけてあげるとよいでしょう。

⑫

親から離れられない

気になる言動

親の足元にしがみついて離れない

家事をしている母親に「一緒に遊ぼう」と誘いに来る

遊んでいても「お母さんどこ？」と探す

確認

- □ 過度にかかわりすぎていませんか。
- □ 予告せずにいなくなったりしていませんか。
- □ 親子で十分にかかわる時間を持てていますか。

家や公園、店のなかなど、どこに行くにも親のそばを離れず、ピッタリと親について行動していませんか。「この子は幼稚園や学校に行けるかしら」と不安に思うこともあるでしょう。

子どもが親から離れて遊んだり活動したりするには、親離れと子離れの両方が必要です。親子でのスキンシップや遊びを通して、親子の信頼関係は育まれます。信頼関係があると、子どもはいつも自分を見守ってくれる親の存在を確信し、親から離れて一人で遊べたり、集団遊びも楽しめるようになります。お友達と遊んでほしいと思っても、親が子どもを無理に離すことは基本的にしないほうがよいでしょう。子どもが自分から離れていけるまで、つまり自分から親離れするまで寄り添うことが大切です。一方で、過度にかかわったり、何でも手伝っているなど親が子離れできていない場合もあります。そのような場合には、親が自分の対応を見直す必要があります。

また保育園や幼稚園などを利用する場合には、信頼できる人が継続的にかかわってくれる状況であれば、一度思い切って任せてみます。そして、親から離れて頑張れたときには、必ずしっかりと抱きしめるなど、子どもの要求に応えるようにしてあげてください。頑張ったあとに、必ず安心できる環境が用意されていると、子どもは頑張れるようになっていきます。そうした経験が、のちの小学校生活の場でもいかされます。

ワンポイント
アドバイス

別れ際が大切!!

●子離れができていますか？

「私の子どもは何もできない」と、食事や着替え、遊び相手まで、何でもしてあげていないでしょうか？　子どもが親を求めてくれば一緒に遊び、一人で何かをやりそうなときにはそっと見守ってあげましょう。

子どもはいつも見守ってくれる親の存在を確信できることによって、一人での活動を広げていきます。そして子どもが失敗しても、距離をおいて見守ります。失敗を自分で解決できる力を育てることも重要です。

●別れ際が大切

幼稚園や保育園に子どもを預けたときに、子どもがぐずって泣いて困ってしまった経験はありませんか。しかしどんなに子どもが泣いていても、その場から笑顔で立ち去ることが大切です。親が心配そうな表情をしていると、子どもはますます不安になってしまいます。

幼稚園や保育園、そして小学校でも、子どもには迎えに行く時間を、そして担任の先生にはぐずってもお任せすることをしっかりと伝えておくことです。子どもは、はじめは親から離れた不安で泣いてしまいますが、それも少しずつ減り、先生や場所、友達に慣れてくると、好きな遊びをみつけて楽しめるようになります。

泣かずに別れられたときには子どもをほめてあげましょう。そして、その日の出来事について話をする時間をつくり、子どもの話にしっかりと耳を傾けたり、スキンシップを十分にとってあげるとよいでしょう。

いってらっしゃい
お仕事行ってくるね。18時に迎えにくるね

誤解！　無理にでも子どもから離れたほうがよい？

親は不安に思うあまり無理に子どもを引き離して集団に入れたり、そっと姿を消すようなことをしたりしますが、それらは子どもの不安を強め逆効果となります。また分離不安を示し、心の傷になることもあります。

集団に入るときは、まず親子で一緒に参加するところからはじめ、子どもから離れられるようになるのを待ちます。参加する集団は子どもの興味関心のある内容とし、同じ集団に繰り返し参加するようにするとよいでしょう。

子どもが親から離れて遊びはじめても、最初のうちは、親はその場から離れず見守ります。そうすることで、子どもは安心して遊べるようになっていきます。

親との信頼関係が大切。親がいない状況でも、いつ終わるかの見通しを立ててあげるとよい。

ちゃんとみてるよ。上手だね

お昼ご飯を食べるまで先生と一緒にがんばってみよう

1 自分をコントロールする力が弱い

家庭 子どもが親から自主的に離れていけるには、親との信頼関係の獲得が重要になってきます。獲得できていないと、自分をコントロールできず強い不安を覚え、結果的に親から離れられなくなってしまいます。まずは無理に離そうとせずに、しっかり寄りそってあげましょう。

学校 信頼できる親が近くにいないと、どのように行動したらよいか、振るまってよいかがわからず不安になることがあります。子どもがわかりやすいように何をするかを具体的に伝えます。そして、「○○まで先生とがんばってみよう」などと、不安な状態は一生続くのではないことを伝え、終わりの見通しを立ててあげるとよいでしょう。

遊びや活動に一つでも自信が持てれば、子どもは自然と一人で活動を広げていく。

ご家庭ではどんなボール遊びをしていますか

2 自尊心が育っていない

家庭 自分に自信が持てないと一人で新しい遊びを考えたり、チャレンジすることは難しく、結果的に手伝ってくれる親のそばにいることがあります。親子での遊びを通して、子どものチャレンジする気持ちや新しい遊びを考える力を伸ばすことが大切です。その自信が、「一人でもやってみよう」という思いにつながります。

学校 遊びや活動に自信がないと親から離れられないことがあります。まずは、事前に保護者に親子でおこなったことのある活動を聞いておき、その活動に似た内容を設定して体験させます。その活動や遊びに少しずつ自信を持てることで、子どもは安心して遊ぶ場所を広げていくことができます。

スキンシップを通して、子どもが安心感の持てる遊びをおこなう。

キツネのコンだよ。一緒に遊ぼう！
うん、遊ぼう

3 感覚面の偏り

家庭 親のそばにいて肌を密着させている、抱かれているなどの感覚で、子どもが安心感を持っていることがあります。無理やり親から離すと子どもの不安は強くなってしまいます。直接触れあうだけでなく、手遊びやシーツブランコなど、スキンシップのある遊びのなかで、安心して親から離れられる遊びを増やしましょう。

学校 リラックスできる道具や環境を用意してあげます。授業に支障のないものを持たせる、席を仲のよい友達の隣にする、教師の近くにするなどの対応が必要になります。必要に応じて養護教諭の対応も取り入れるなど、学校での母親的役割を担う対象を決めていくことも大切になります。

子どもの遊ぶ姿を見守ることも大切。学校などでは一人でできたことをしっかり認める声かけをする。

お友達と遊べて楽しいね
あのね

今日は朝の会に参加してえらかったね。先生もうれしいよ

4 相手の気持ちを読み取りにくい

家庭 子どもは親がいなくなってしまうのではないかと心配して離れられないことがあります。子どもが親から離れて遊んでいるときは、親はその場を離れず見守ります。ときどき、思い出したように親のところに戻ってくるので、そのときには「〜できてすごいね」「〇〇ちゃんと遊べて楽しかったね」と、親から離れて遊べたことやできたことを具体的に伝えて、ほめてあげましょう。

学校 学校や幼稚園・保育園では、「〇時になったらお母さんが迎えにくるよ。それまで皆で遊ぼう」と必ず親に会えることを保証する声かけをします。親が迎えに来たときには、「今日は〜できてえらかったね。先生もうれしかったよ」と、一人でできたことをしっかりほめてあげるとよいでしょう。

⑬

すぐに泣く

気になる言動

「もっと遊びたい！」と泣きじゃくる

失敗すると「できない！」と泣いてしまう

「もっとおやつ食べたい！」と大泣きしながら要求する

確認

- □ 泣いている子どもを叱らずに受け入れていますか。
- □ 泣く理由は要求か、不安かを確認し対応していますか。
- □ 言葉で要求を伝えるように促していますか。
- □ 周囲に助けを求めるように促していますか。

遊びたい・ほしいなどの要求が通らないときや親がいなくて不安なとき、少しの失敗などですぐに泣いてしまう子どもがいます。子どもの気持ちは「言葉でいいたいけれど伝える言葉がみつからない」「くやしい」「親に何とかしてもらおう」などと様々です。

泣いている子どもにどのように対応していますか。例えば、子どもが泣くたびに要求を聞き入れていると、子どもは泣けば要求が通ると学習してしまいます。また不安や失敗を理由に泣いているときに叱っても、子どもはますます大きな声で泣いてしまいます。おやつやビデオなどで気を紛らわそうとしているだけでは、自分で泣きやむ力が育たなくなってしまいます。

対応策としては、まずは泣いている原因を理解し、「泣きたいくらい○○だったね。わかるよ」と共感していくことが大切です。そして、ただ泣いていても要求は通らないことや、泣くことだけでは助けを求めることはできないということを、子どもにわかってもらわなくてはなりません。子ども自身が自分の言葉で意見をいったり、助けを求められるようにはたらきかけることが大切です。

泣かずに言葉で伝えることができたり、がまんすることができたら、「言葉でいえたね（よ

ワンポイントアドバイス

泣くことに振りまわされないで!!

●毅然とした態度を

子どもが泣くことで要求を通そうとしている場合には、安全が確保されていることを確認したうえで、子どもがどんなに泣いても、大人は反応せずに毅然とした態度で対応していくことが重要です。そうすることで、子どもは泣くことに意味がないことを身を持って理解していきます。

泣くこと自体は悪いことではないのですが、それを要求の手段として用いることは好ましい行動ではないと伝えることが大切です。子どもが泣きやんで落ち着いた状態になったときに、何をしたかったのかを確認し、共感します。このような体験を繰り返すなかで、泣くことを要求の手段とすることは減っていきます。

●要求の手段か、不安からか

子どもが大きな声で泣くと、周囲の目も気になるため、どうすれば泣きやんでくれるかを考えがちです。しかし、泣くことを要求の手段とせずに、言葉で伝えられたことや泣かずにがまんができたことをしっかりほめることが大切です。子どもは大好きな親や大人にほめられると、泣いて訴えることよりも、がまんすることを選択するようになるでしょう。

要求の手段として泣いているのではなく、不安のために泣いてしまう子どもに対しては、その不安を取り除くための努力をする必要があります。まずは信頼のできる大人が近くで寄りそってあげることが大切になってきます。

くがまんできたね)。うれしいよ」とほめてあげるとよいでしょう。

誤解! 泣くのはいけないこと?

泣くこと自体がいけないわけではありません。その子どもは、感受性豊かな子どもかもしれません。成長に伴って泣くことは減っていきますので、子どもが、自分の意見や気持ちを言葉で伝えることができるように工夫していく必要があります。そのためには、子どもが泣く・泣かないにかかわらず、大人がその子ども自身を受け入れることが必要な場合があります。

子どもの気持ちを代弁する。
もっと公園で遊びたかったんだね
縄とびが引っ掛かってくやしかったね。また昼休みにやってみよう

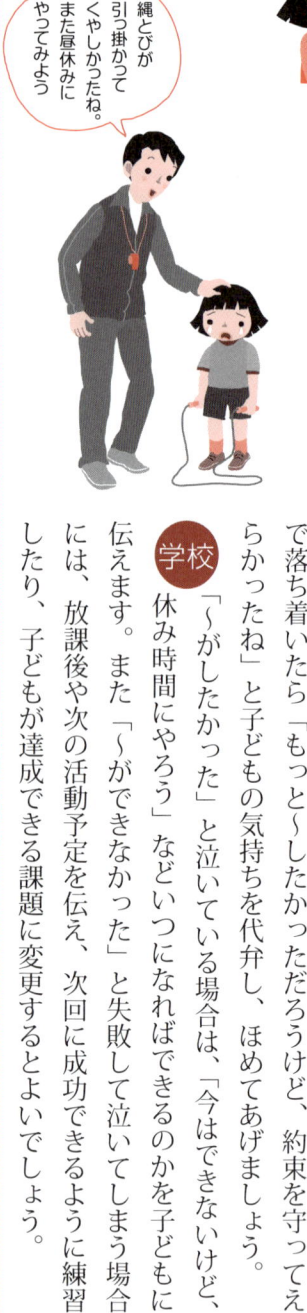

1 自分をコントロールする力が弱い

家庭 子どもの好きなおもちゃや遊びなどがあるときは、予め予定を伝えたり、終了時間や回数などを子どもと約束しておきます。一度約束を決めたら譲らないようにし、子どもが泣き出しても、安全を確保した状態で子どもが泣きやむのを見守ります。泣きやんで落ち着いたら「もっと〜したかっただろうけど、約束を守ってえらかったね」と子どもの気持ちを代弁し、ほめてあげましょう。

学校 「〜がしたかった」と泣いている場合は、「今はできないけど、休み時間にやろう」などいつになればできるのかを子どもに伝えます。また「〜ができなかった」と失敗して泣いてしまう場合には、放課後や次の活動予定を伝え、次回に成功できるように練習したり、子どもが達成できる課題に変更するとよいでしょう。

自信をつけさせるためにできる課題を与えたり、仕上げは子どもに任せて達成感を持ってもらう。
一人でできたね。えらいね
はぁ
縄を床において、その場でジャンプすることから練習しましょう

2 自尊心が育っていない

家庭 いつまでも大人が手伝っていると、できなければすぐにあきらめ、泣いて訴えることがあります。子どもが少しのがんばりでできる課題を準備し、できたら「一人でできたね」とほめてあげましょう。途中の工程は手伝っても、最後は子どもの力で仕上げさせて、達成感を得るようにします。

学校 自分に自信がない子どもは少しの失敗であきらめてしまう、自信過剰な子どもはできると思って取り組んだことができないとくやしくて泣いてしまうということがあります。まずは、活動や課題の内容を再度見直し、子どもが確実にできる内容から一つずつおこない、子ども自身が自分の力量を知ることが大切です。

工事中
この工事は道路をきれいにするもので、あと五日で終わるよ
スーッ

大人は気にならなくても、子どもには不快に思う事柄があるので、可能な限りそれらを取り除く。

3 感覚面の偏り

家庭 例えば、工事の音や赤ちゃんの泣き声といった苦手な音、ベタベタやドロドロなど、子どもの苦手な感覚が原因で泣いているのかもしれません。子どもの苦手な感覚はなるべく除去します。また工事の音などで対応が難しい場合には、その理由や、「いつまで続く」、「いつ終わる」などの見通しを立ててあげるとよいでしょう。

学校 大勢の人のガヤガヤとした声や椅子を引く音、校内放送など、大人は何とも感じない音が、子どもにとっては不快であったり、恐怖心を持つことがあります。音が入りすぎないように耳栓やイヤーマフなどを活用したり、椅子の足にゴムをつけて引きずる音をなくす、そのクラスだけ校内放送の音量をさげるなど、環境を工夫することも大切です。

喉が渇いたときは「喉が渇いたのでお茶をください」っていえばいいんだよ
先生は○○さんが掃除を手伝ってくれたのでうれしかったよ

泣くことでなく、言葉で伝えるように支援することが大切。

4 相手の気持ちを読み取りにくい

家庭 子どもが泣きやんで落ち着いたら泣いている理由を聞いて、泣くだけでは相手に伝わらないことを教えます。そして、例えば「〜がしたい」、「〜が嫌」、「〜といえば気持ちが伝わるよ」というように、具体的に言葉でいえるように支援します。

学校 相手の表情から気持ちを読み取ることができず、相手が怒っていると勝手に思い込み、泣いてしまうことがあります。そのようなときは、「先生は〜で悲しかったよ」「〜をしてくれてうれしかったよ」などと具体的に気持ちを表す言葉を交えながら、子どもと話すとよいでしょう。また、言葉だけではなく、文字やイラストで気持ちを表現すると理解しやすくなる子どももいます。

⑭ 前後左右を間違える

気になる言動
前後反対に服を着ている
ダンスをすると列の前の人と
左右が逆になってしまう
漢字のへんとつくりを
逆に書いてしまう

確認
- □ 体の各部位を指差しできますか。
- □ アスレチックのような体を使った遊びができますか。
- □ ほかの人の動作をまねることができますか。

慣れた服であっても前後反対に着てしまう、靴を左右逆に履いている、漢字のへんとつくりを逆に書いてしまう、ダンスをすると左右が逆になる、といったことはないですか。

「前後左右」は生活のなかで位置関係を示す言葉としてよくでてきますが、これを理解するには「言語概念」や「空間認知能力」、「ボディーイメージ」という力と、その関係性が必要になります。「言語概念」としては、左右の概念が代表的なものとして挙げられます。これは、右手がどれといった体の各部位の左右が明確にわかることで、獲得される時期は五歳代になります。また、利き側がうまく決まってこないと、この概念が育ちにくいともいわれています。「空間認知能力（動作性知能の一つ）」とは、前後・左右・奥行きなどの位置関係などをとらえる力をいいます。着替えだけでなく、書字や算数の図形問題、運動会のダンス、地図をみるときにもこの力が必要になります。「ボディーイメージ」は、左右の概念が育つ基礎的な力になります。自分の体がどうなっていて、どのようにしたら自由に動かすことができるのかがわかり、意識しなくてもはたらくように発達していく必要があります。

子どもが左右を間違ってしまったときに、「ど

ワンポイントアドバイス

正しく着て当然ではなく、十分にほめること!!

●左右逆でも子どもは気にならない

はじめから一人で前後左右を間違わずに衣服を着たり、靴を履ける子どもはいません。子どもにとっては、前後左右を正しく着たり履いたりするメリットがないことを大人は理解しておきましょう。靴を左右逆に履いても、まだ年齢が低く足の形がしっかり発達していない状態では、違和感がなく、気になりません。したがって、身だしなみとして正しく服を着ていることをほめるほうが、子どもにとっての意欲につながります。

間違えずに着替えができるようにするには、見た目をわかりやすく工夫します。例えば、洋服は前に絵がプリントしてあるものを選択し、子どもに前をわかりやすくしてみる、上靴の内側のあう部分（土踏まずの部分）に目印をつけて、確認してから履くようにするなどです。間違いにくい配慮をすることで、子どもも着られるようになると、「自分でできた」という自信になります。

●パズル遊びや全身運動も

みる力を高めるには、専用のワークブックなどがあります。またパズルや間違い探しなどの遊びでも、子どもが前後左右などの位置関係に気づくきっかけになります。

ボール遊びやアスレチックなどの全身を使う運動でボディーイメージや空間認知能力などの基礎的な力を育てることも大切です。

うしてわからないの」と間違ってしまった結果について指摘しても、何の解決にもなりません。まずは、子どもは何が難しくて間違えてしまったのかの原因を考え、次に苦手な課題をどうすればできるようになるか対策を考えていくことが大切です。

あわせて、子どもの過ごす環境をもう一度、見直してみることも必要です。子どもの興味関心のあるポスターや注意書き、おもちゃなどがみえる場合や、テレビや音楽などが聞こえている場合には、子どもは不注意になりやすいために、左右を間違えてしまう可能性があります。子どもが課題や活動に集中できる環境かどうかも考えてみましょう。

誤解! **目印は依存してしまう?**

声かけや目印などを準備して、子どもが「よし、できたぞ」と思えるように支援しましょう。

目印をつけるといつまでもそれに頼ってしまい、目印がなくなるとできなくなるのではという心配はいりません。常に正しく着られると、前後左右を少しずつ学ぶことができ、自信にもつながります。

大切なのは間違えずに服を着ることでなく、活動に参加すること。

星が前よ〜

1 自分をコントロールする力が弱い

家庭

遊びたい思いが先走りズボンをうしろ前に履くなど、ほかに気をとられて自分のことに注意がいかないことがあります。まずは、今すべきことに集中できる環境を準備することが大切です。また、注意を促すためにフェルトで目印をつけてあげるのもよいでしょう。それ以外には、着替えのときに「(ズボンは)ボタンが前」という端的な声かけをすることも効果的です。

学校

体操服や上靴の前後左右を間違えてしまうときには、子どもがわかりやすい目印をつけることを許可します。例えば、体操服の後側の裾に糸で印をつける、上靴の内側同士にマジックで印をつけるなどです。子どもには自分で確認してほしいのですが、大切なのは体操服を着て体育の授業を受ける、上靴を履いて教室に行くことです。「まずは遅れずに体育の授業にでる、次に自分で前後を間違わず体操服を着る」など目標に段階をつけてみましょう。

前後左右がわかるように、衣服や物品に印をつけるなどの工夫をし、一人でできるという自信をつけさせる。

やった—！
できたよ

教科書は右、
赤いテープのほうに
おいてね

2 自尊心が育っていない

家庭

いつも手伝ってもらっていると、衣服に前後があること・靴に左右があることにさえ気づかないことがあります。はじめから前後左右を意識することは難しいので、目印などをつけ、それを手がかりに一人でできることを増やし、自信をつけることが大切です。

学校

教師の話を聞いたり、相手に伝えられるように、子どもが理解できる目印をつけるとよいでしょう。例えば、机の右端に赤色テープ・左端に青色テープを貼り、「教科書は右、赤いテープのほうにおいてね」と伝えると、子どもも間違わずにすみます。

苦手な感覚に慣れる。模倣は前後でおこなうとよい。

ベタベタ

左をあげて

3 感覚面の偏り

家庭 触れる、触れられることに過敏さがあると、皮膚からの正しい情報が入りにくく、ボディーイメージが育ちにくくなります。またみることへの過敏さがあると、ものをうまく見分けることができない場合もあります。まずは苦手な感覚に慣れる、刺激の量を調整できるよう配慮します。例えば、苦手な泥んこ遊びであれば、スコップを使って直接触らない遊びからはじめたり、使う水の量を少しずつ増やしてベタベタ感に慣れていくとよいでしょう。

学校 教師が運動会のダンスなどを教えるときに、向きあった状態だと子どもは左右をうまく理解できません。そこで、教師が子どもに背を向けておこなうことで、教師の動きをまねしやすくなります。教師も子どもも右手と左手に違う色の手袋をはめておこなう方法もあります。

相手の立場に立った位置関係の理解も必要。言葉で人を誘導する遊びも効果的。

相手に方向を
伝えるときは
『前にもう一歩』
『右に一歩』
などというと
相手が
わかりやすいよ

4 相手の気持ちを読み取りにくい

家庭 自分の前後左右がわかれば相手の前後左右もわかるわけではありません。相手の立場に立って位置関係を把握する必要があるからです。そこで相手と向かいあっているときに同じ側の手にシールを貼り、背を向けたときに貼られたシールの手が逆になることなどを体験させます。人形などを使ってみるのもよいでしょう。

学校 スイカ割りなど、言葉だけで相手を誘導する遊びをしてみます。予めどのような言葉で相手を誘導するか考えておくと、子どもも伝え方がわかりやすくなります。子どもの誘導で成功したら、「上手に教えてくれたからできたよ」とほめるとよいでしょう。

⑮ 食べ物の好き嫌いが多い

気になる言動

モグモグ
ペッ
ネバネバ
ベトベト

肉をいつまでも噛んで吐き出す

葉物の野菜を嫌がる

納豆などのベトベトしているものを嫌う

確認

- □ 粘性がある、かたい、臭いが強い食材は苦手ですか。
- □ 体に違和感やかゆみは生じていませんか。
- □ 無理に食べさせていませんか。

親にとって子どもの食べ物の好き嫌いは、大きな困り事の一つです。子どもは成長するにしたがって味や食感の好みがでてきますが、年齢が低いほど苦いものやすっぱいもの、粘性のあるものを嫌う傾向があります。これらは、毒性があったり、腐っているのではないかと無意識に感じとり、本能的に体に取り入れてはならないものと認識するからです。またかたいものを嫌うのは、まだ噛む力が弱いためだと考えられます。

子どもに嫌われる代表的な食べ物は、緑の葉物類ですが、葉物類にはあくがあり、苦く感じているものと思われます。ピーマンや酢の物などを嫌うのも、本能的に判断をしているためです。シイタケやグリーンピースなどの食感を嫌うのは、その感覚がどうしても受け入れられないためですが、大人になっても苦手だという人がいます。ただし、発達に偏りがある子どものなかには、一般的に嫌われることの多いすっぱいものや辛いものなどが大好きという子どももいます。

味や食感以外に、臭いも大きく関係します。鼻から抜けるときの臭いが苦手で、シイタケやゆで卵が食べられないということがあります。山芋などは口のまわりにつくとかゆくなることがありますが、これはアレルギー反応によって口のなかや体に違和感やかゆみを起こしている場合もあり、それらが原因で嫌いになっている可能性も考えられます。このような場合はアレルギー科のある小児科の受診をすすめます。

　食べ物の好き嫌いについての対応は、「無理やり食べさせない」ことが基本です。調理方法を工夫しても食べられないものは、「今は食べられなくても、大きくなれば食べられるようになるからいい」と割り切ることも大切です。

ワンポイント
アドバイス

自分から食べてみようと思えるように

●工夫してみよう

　苦手なものについて学んでみましょう。例えば、ピーマンがバイ菌をやっつけるストーリーの食育に関する絵本を利用して、「ピーマンの苦みには栄養があって、いろいろなバイ菌に勝てる強い体になるんだよ」ということを読んでいくなかで理解させていきます。そうすることで「それなら頑張って食べてみよう」という気持ちになるかもしれません。

　また、苦手な野菜を育ててみたり、育てた野菜を使って料理を経験させてみるのもよいでしょう。自分で料理してその過程を経験することで、食べられるようになることもあります。このように、自分からすすんで食べてみようという気持ちになることが大切です。

　同じ食べ物であっても、見た目や調理法をかえるだけで食べられることがよくあります。大好きなキャラクターを模してみるのもよいでしょう。

●おやつでの代用は偏食に

　ご飯やおかずをあまり食べないからといって菓子パンやお菓子、野菜ジュース、おやつなどで代用していると、味の好みに偏りがでてきてしまいます。例えば、パンには砂糖、塩、バターなどによって味つけされているからです。味の好みが偏ると、より好き嫌いを強めてしまうことになります。おやつは量と時間を決めて与えることが大切です。

誤解！ 強要はかえって危険

　無理やり食べさせようと口に入れると、よく噛まずに丸のみしたり、吐いてしまうこともあります。そして、食事の時間自体が嫌になってしまいます。年齢が低い間は強要する手段が通用することもありますが、結果的には、より嫌いになったり、拒食症になったりする危険性があります。

小分けにすると食べやすい。学校では自分で量を調節できるようにするとよい。

ほうれん草おいしいよ

これは少なめに……

1 自分をコントロールする力が弱い

家庭 すべての食材を一つの皿に盛るのではなく、分けてみましょう。苦手な食べものは小さな器を用意して、少しだけ入れておきます。好きな食べ物ばかり食べないで、順番に食べるように促します。苦手な食べ物は、周囲の大人がすすんでたくさん食べているのをみせてあげましょう。それをみて自分も食べてみようという気持ちになります。一口でも苦手なものを食べられたら、とにかくほめてあげましょう。

学校 子どもに苦手な食べ物があるときは、配膳の際に自己申告するように伝えておきます。申告した食べ物に関しては、自分で量を減らすなどの対応をさせます。自分で調節した量であれば納得してがんばって食べようとします。

叱らないことが大切。学校でも自尊心を保てる対応を。

苦手なのに食べられてえらいね

ポツン

2 自尊心が育っていない

家庭 叱らずに、子どもには苦手な食べ物があってもよいことを伝えます。親にも好きな食べ物と苦手な食べ物があることを伝えると、安心することができます。食べさせようと親が見張っていると、子どもは親の顔色ばかりうかがうようになります。少しでも食べられたときに注目すると、子どもの自信は育まれます。

学校 苦手な食べ物があると食べるのが遅くなり、給食の時間だけでは食べきれないことがあります。昼休みの時間になっても食べ終わるまでは遊べないという対応は、周囲の子どもからの評価も低くなり、自尊心の発達に悪影響がでてしまいます。量を調節し、給食の時間内には終わるようにします。

苦手な食感は遊びで似た感覚のものを取り入れて慣れさせる。

3 感覚面の偏り

家庭 嫌いな原因を子どもに聞いて、マヨネーズや納豆などのベトベトするものが苦手な場合には、糊や絵の具などを使った遊びや活動が普段できているかを考えてみます。そうした活動が苦手な場合は触覚の過敏さが原因と考えられます。食べることで練習するのではなく、似た感覚の遊びを普段から取り入れてみましょう。

学校 水泳のときにシャワーや水が顔にかかることを極端に嫌ったり、洋服が濡れたり汚れたりするのが気になって仕方がないなどの行動がみられる場合には、触覚過敏が原因で食べられないのかもしれないと理解してあげてください。友達に励まされたりするとがんばって食べられることもありますので、仲のよい友達と一緒に食べられるような設定も考えてあげましょう。

一緒に調理したり、食材の成り立ちを学ぶなど食べ物への理解を深める。

4 相手の気持ちを読み取りにくい

家庭 食材の買い物から調理までを一緒におこなってみましょう。自分のためにつくってくれたから苦手なものも少しがんばって食べてみようという気持ちになります。子どもに料理を経験させたり、普段から一緒に食べる大人が料理してくれた人への感謝の気持ちを表現すると、子どもも理解しやすくなります。

学校 授業のなかで、給食ができるまでや残された食べ物がどうなっていくかを学びましょう。食材は農家や畜産業の人や漁師が、子どもの栄養面では栄養士がかかわり、調理師が毎日大量の給食を調理していることなど、給食にかかわる人たちに直接話を聞いたり、施設を見学したりして、より具体的に学ぶとよいでしょう。

⑯ いつも何か持っている

気になる言動
特定のものをずっと持っていたがる
タオルなどいつも好きなものを持っている
お気に入りの人形を持ち歩く

確認
- □ 特定のものを持つと落ち着きますか。
- □ どんな場面で必要ですか。
- □ 大人が要求しすぎていたり、イライラしたりしていませんか。

子どものなかには、家のなかでいつも同じタオルや毛布を引きずっていたり、口に入れたり、お気に入りの人形を持ち歩いたり、家の外に出かけるときにもそれらを持ち出そうとすることがよくあります。

年齢が低い子どもほど、いつも何かを手に持っていることがあります。持っているものは様々で、大人には理解できないものであることもありますが、子どもにとっては必ず意味があります。ただ好きだから持っているだけではなく、その素材に触れていることで情緒的に安定しようとしている場合があります。また、電車や車のおもちゃ、なかには空き缶など特定のものへの強いこだわりがある子どももいます。

基本的には、それを持っていることで情緒的に安定しているので、むやみに取り上げたりしないようにします。取り上げると情緒的に不安定になり、おなかが痛くなったり、不安が強くなったりすることがあります。対応としては、家の外に持ち出すことができない毛布などは、家のなかだけにしようとルールを決めてみます。それでも子どもが離したがらない場合には、切れ端など一部を持たせてみるのもよいでしょう。持ちだしても困らないものは、困らない場面では持たせてあげます。

子ども自身に持っている理由を聞き出そうとしても、なぜ持っているのかわからないこともあるので、あまり意味がありません。何か特定のものを持っていても一定期間を過ぎると不要になったり、対象がかわったりしていきます。そして、精神的に発達し情緒が安定してくると、自然に何も持たなくてもよい状態になっていくでしょう。

ワンポイントアドバイス

生活環境と大人の対応を見直そう!!

どんな場面で持っているか

いつも何かものを持っている場合には、その子どもの生活環境すべてを見直す必要があります。例えば、通っている幼稚園や保育園の様子を担任の先生に確認してみたり、友達に様子を聞いてみたりするのもよいでしょう。

場面によって自然に持たなくてもいられることがあるのなら、どのような場面で持っているか、持たないでいるかを確認してみます。持っている場面はきっと不安があることが多いと思われます。不安な場面の活動内容についても調べ、子どもの発達段階にあった内容なのかを検討する必要があります。

大人の対応も振り返る

活動内容だけではなく、かかわる大人の対応についてもみていく必要があります。大人が子どもに対して叱りすぎていたり、口うるさくいいすぎていないかなどを確認していきます。そして、かかわる大人がなぜそのような対応になってしまうのかを考えていくと、子どもの発達段階以上のことを強要している場合や、大人自身にイライラや不満のある場合があります。

かかわる大人が原因の場合には、大人自身が自らの行動を振り返り対応する必要があります。場合によっては、子どもに悪影響を及ぼさないように担当を変更することなども検討します。

誤解！

持っているものを取り上げないで

いきなり持っているものを取り上げたりするのは子どもの不安を強めるだけです。子どもがなぜそれを持っていないといけない状況なのかを考えてあげましょう。そして持っていてよい場面や持たないでおく場面を決めて、毅然とした態度で対応していくことも大切になります。

持っていられないときには不安になりやすいので、子どもにとって信頼・安心できる友達や大人がつきそったり、ほかに興味関心が移るような活動を提供してみましょう。

支障がない、本来の目的が達成できるのであれば、無理に取り上げない。

行ってきます

ぬいぐるみは授業が終わったら持とうね

1 自分をコントロールする力が弱い

家庭 自分をコントロールする力が育っていないと、新しい場面や人に対応するのは非常に大変です。持っていてよい場面を子どもと相談しながら決めてみましょう。例えば大好きなタオルは、家を出るときには「このかごに入れておく」といったようにルールを決めるとよいでしょう。

学校 授業中に支障がない場合やほかの子どもに迷惑がかからなければ持たせてあげましょう。持つことで本来の目的である学習にしっかりと取り組めるのであればよいのです。支障のでる場面では、その活動が終わったら持てることを保証してあげましょう。

なるべく自分でやらせたり、適切な役割を与えることで自尊心を育む。

腕を通して……

電気はOK！

2 自尊心が育っていない

家庭 自尊心が育っていないと不安になり、それを補うために何かを持っている場合があります。自分でおこなった事柄を適切に評価されると自尊心が育まれます。まずは過保護や過干渉な状態でないかを見直してみましょう。例えば、身のまわりのことなどに時間がかかっても、子どもががんばって取り組んでいれば手を出さず、うまくいかない部分をさりげなくサポートします。そしてしっかりとほめることが大切です。

学校 子どもが無理なくできる役割を与えてみましょう。難しすぎて達成できないと自尊心が低下し、不安を強めますので、得意なことや興味のある内容にそったものがよいでしょう。無理なくおこないやすい係には、例えば教室のあかりをつけたり消したりする電気係などがあります。

親子のスキンシップも大切。好きな感覚に触れさせて落ち着かせるのもよい。

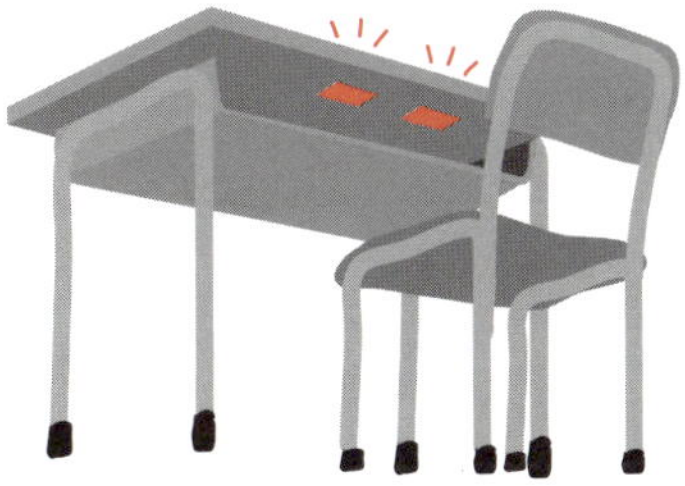

3 感覚面の偏り

家庭 触られることに過敏さがある場合に何かを持っていることがあります。不安が強くなればなるほど持つ機会は増えていきます。まずは、大好きなお母さんにギュッと抱いてもらうような刺激などを経験させるとよいでしょう。また、持っているもの自体の感触が気持ちよいから離さない場合もあります。その場合には、持っていてよい場面を決めましょう。

学校 好きな感覚を求めている場合は、大きさの工夫や目立たないところでその感覚を入れられるような工夫をしてあげます。例えば何かに触れていたければ机の内部にマジックテープを貼り、それに触れているのはよしとするといった対応になります。

不安を取り除く工夫を。持っていていい場面を子どもと一緒に決める。

4 相手の気持ちを読み取りにくい

家庭 相手の気持ちが読み取れず不安になり、何かものを持っている場合があります。母親がみえなくなるだけでも非常に混乱する子どももいます。そのときは、移動するときには事前に予定を伝えたり、どれだけ待てばよいかわかりやすいように、キッチンタイマーをセットしてあげるなど安心を与える工夫をしましょう。時間の量を視覚的に把握できるタイムタイマーという製品もあります。

学校 持っているものが場面にあわないからとすぐ禁止するのではなく、ほかの子はどう思うか、迷惑になることがあるか、自分が今やるべきことがうまくできるのかといった内容について一つずつ個別に確認していきます。一方的にルールを決めるのではなく、子ども自身に考えさせるようにする点が重要です。

⑰ 音に敏感

気になる言動

ジェットタオルの音がしているためにトイレに入れない

特定の音が苦手

小さな音が気になり、気が散りやすい

確認

- □ 苦手な音がありますか。
- □ 小さな音でも集中力が途切れますか。
- □ 特定の音を取り除くための環境整備をしていますか。

遠くで聞こえている救急車のサイレンや、飛んでくる飛行機の音にいち早く気づく子どもがいます。特定の興味のある音に対して敏感（反応がよい）といえます。しかし、その音に対して不快な反応を伴う場合には、生活に支障がでてきてしまいます。このような状態を「聴覚過敏がある状態」といいます。

よくいわれる不快反応を伴う音には、トイレにあるジェットタオルの音、掃除機の音、ピストルの音、バイクの音、赤ちゃんの泣き声、特定の子どもの声などがあります。そして、不快に感じる音は一人ひとり異なります。例えばジェットタオルであれば、その音がするために外出先のトイレが使えないといった困り事が起こります。これらの音に対する不快反応のために不安になったり、パニックを起こしてしまう場合もあり、生活がスムーズにいかないことがあります。しかし、**これらの不快な音に慣れるためだといって無理に聞かせたりするのは逆効果になるので、絶対にしないようにします。**

小さな音や特定の音にとても敏感な場合には、注意がそちらに移りやすくなるために、注意力や集中力が低いと思われてしまうこともあります。このような場合は、ただ集中するように注意するだけでは改善されません。よけい

ワンポイントアドバイス

苦手な音に対応する環境を整える!!

対応について皆で考える

家庭では、例えば、常にテレビがついているような状態は避けて、今取り組むべきことに集中できる環境にします。しっかりと眠るために、寝るときの環境を整えることも重要になってきます。

学校では、クラス全体で苦手な音や敏感な音について考えてみる機会をつくります。苦手な音がある子どもからは、どんな音が苦手なのか、聞こえるとどんな感じや気持ちになるのかを話してもらい、クラスメイトには、その音を減らすための対応策を一緒に考えてもらうとよいでしょう。教師が勝手に決めたルールよりも効果的ですし、クラスメイトの団結も生まれてきます。例えば、クラス内で一斉に回収するプリントの音が苦手な子どもに対しては、一列ずつ回収するようにして音量を減らすと大丈夫な場合があります。

このように苦手な音があっても、工夫次第で平気に過ごせることがあります。

な音が聞こえにくいような環境の調整が重要になってきます。また敏感な場合には、少しの音で目覚めてしまうことで眠りが浅くなることがあります。眠りが浅くなると、寝起きが悪く不機嫌になったり、昼間の学習や活動の際に、注意力や集中力の低下などがみられることがあります。

誤解! 音は慣れにくい

苦手な音をたくさん聞いたら慣れるというものではありません。聴覚過敏は、慣れにくい過敏さの代表です。苦手な音をなくす、音量を調整する、苦手な音がしない場所を利用するなどの環境の調整が重要になってきます。

音のする原因を理解し、何のために音がするのか、いつになったらその音は終わるかを知ることで、少しずつ慣れていけるかもしれません。

やるべき量や時間を決めておく。座席は先生の声がよく聞こえる位置にする。

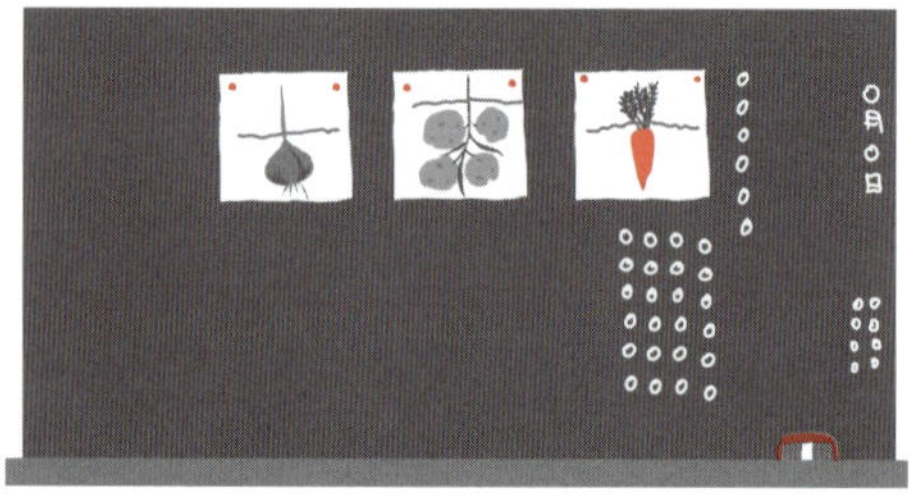

1 自分をコントロールする力が弱い

家庭 今しなくてはならないのに、音がきっかけでほかのことをはじめてしまうことがあります。おこなうべき量や時間を明確にしておくと、音がしても続けやすくなります。

学校 不必要な音が聞こえにくいようにして、教師の声を聞き取りやすくするために、窓や廊下から離れた真ん中の最前列に席を移動します。聴覚的な刺激で不注意になりやすいので、なるべくみてわかるような指導の仕方をします。板書を丁寧にしたり、必要に応じてイラストや画像を用いると、集中して取り組みやすくなります。

間違いを指摘しすぎず、伸び伸びとやらせる。うしろからの声かけに過敏に反応する子どももいるので配慮する。

2 自尊心が育っていない

家庭 自分がおこなっていることに自信がなく不安な場合には、人からの声かけや少しの音にも敏感な状態になってしまいます。間違えたり失敗してもよいということを伝えてあげましょう。子どもが自由にできる時間も確保して、あまり間違いなどを指摘しすぎないようにしてみましょう。

学校 友達に声をかけられるたびにびくびくしているような子どもは、引っ込み思案なことが多いと思われます。いきなりうしろから声をかけるようなことはせずに、その子どもの正面から話しかけるよう教師もクラスメイトに話しておきます。やさしく丁寧に話しかけてあげることも重要な配慮です。また、気のあう友達づくりが有効な場合があります。特定の友達とのかかわりを通じて、声をかけられることなどに慣れていきます。

音の原因を説明したり、みせたりする。教室では嫌いな音を取り除く。

3 感覚面の偏り

家庭 感覚の偏りが敏感さの主な原因になります。はじめにおこなうべきことは環境を整え、苦手な音が聞こえないように工夫します。音がなぜするのかということを説明してあげたり、音の原因をみせてあげるのもよいでしょう。

学校 例えば運動会のピストルの音であれば旗に変更してみる、椅子を動かすときの床をこする音が気になる場合は、すべての椅子の脚に硬式テニスボールをはめるなどの柔軟な対応が必要になってきます。どうしても嫌な音がする場面にいなくてはならないときは、イヤーマフなどの利用をすすめます。

泣き声が気になる子どもには、相手が泣いている理由を説明し、一緒に考えてもらう。

4 相手の気持ちを読み取りにくい

家庭 例えば、赤ちゃんの泣き声などを苦手とする場合に、なぜ泣いているのか、相手の立場に立って考えるのが苦手な場合があります。子ども自身が「どのようなときに赤ちゃんは泣くのか？」を具体的に考えてみることで、泣く理由がわかり、不快さが減少する可能性があります。

学校 友達の出す音や声に敏感だったり不快さを訴える場合には、その友達がどうしてその音を出してしまうのか、その音が聞こえてきたときにどのように対応すればよいかを担任と友達と一緒に考えてみることが大切です。「がまんしなさい」では、改善されることはありません。苦手な音や声を出す友達との席を離すことも一案です。

声の調整

気になる言動

図書館などの公共の場で大声で話してしまう

遊びが楽しく興奮すると大声になってしまう

小さな声で話が聞こえない

確認

- □ 場面や状況にふさわしい声を出せますか。
- □ 聴力を確認していますか。
- □ 興奮しやすいですか。

図書館なのに大声で話してしまったり、発表のときやお店の人を呼ぶときに声が小さいために聞いてもらえなかったりということが、子どもにはよくあります。図書館などの公共の場では小さな声で、公園などの広い場所ではそれよりも大きな声で、遠く離れた人にはより大きな声で話すといった、場面に応じた声量で話ができるためには、自分のおかれている場面や状況を理解する力とともに、声量自体の調整のために呼吸に関係する筋力とそれを調整する力も要するなど、様々な発達が必要になります。

まず、はじめに確認する必要のあるのが聴力です。難聴などがあると自分の声の大きさがわかりづらいために声量の調整が難しくなり、聞き返しが多くなる場合があります。また、人の話し言葉が聞き取りにくくなるために、言語発達に遅れがでてくる危険性もあります。この場合は、早めに耳鼻科へ受診することが必要です。

また、自分が今どこにいるか、ここはどのような場所かといった場面や状況を理解するためには、言語能力の発達が必要になります。そして、相手は今、静かにしてもらいたいと考えているのかなど、相手の気持ちを読み取る力の発達も必要です。これらの発達がすすんでいるにもかかわらず、興奮してしまったり、とっさの

ワンポイント
アドバイス

声の大きさを視覚的に確認する

●音の大小を数字で示す

声の大きさを目でみて確認できるような工夫をしてみることが効果的です。まず声の調整が難しい子どもに一番大きな声を出してもらいます。そして、その声を例えば「5だよ」と伝え、意識させます。

次に、一番小さな声を出してもらい、「1」とします。真ん中くらいを3というように、1から5までの声量のスケールをつくってみます。子どもが話しているときに「今は4の声だね」「3で話してみよう」など場面にあった声量を伝えます。このように声量を視覚的に確認できるようにすることで、意識して声を調整しやすくなります。

●小声の子どもには管楽器を

声の小さな子どもの場合には、意識して話そうとするとよけいに小声になりやすいので、まずは話し言葉ではなく笛や鍵盤ハーモニカなどを大きな音で鳴らして弾けるようにしてみます。

次に、好きな歌などを気の合った友達や大人と一緒に歌ってみるとよいでしょう。雰囲気が大切なので、カラオケボックスなどに出かけて楽しみましょう。

場面で声量の調整が難しい子どももいます。この場合には自己コントロールの発達が関係しているといえます。

なお、大きな声を出すためには、呼吸に関する筋肉を強くはたらかせて大きく息を吸い吐き出す、小さな声の場合は弱くはたらかせて小さく息を吐き出す必要があります。

誤解!

大声は元気な証拠?

大声は元気な証拠ではありません。また聞き返しが多かったり、テレビの音量をつい大きくしている場合には、耳鼻科で聴力を確認してもらいましょう。

ヘッドフォンやイヤホーンを使って大音量で音楽を聴いていたりしていると難聴になる危険性があるので、音量や聞く時間を決めておくのがよいでしょう。

大声をだしてよいところを確認する。興奮してしまう場合は一呼吸おいてもらう。

1 自分をコントロールする力が弱い

家庭 静かにしなくてはならない場所、大きな声で話してよい場所を子どもと話しあい、書き出してみましょう。出かける前に書き出した内容を確認し、うまく対応できたときにはほめ、カレンダーにシールを貼ったり、○をつけるなど記録をつけてみます。シールがいくつたまったらごほうびに好きな本が買ってもらえるといった対応もよいでしょう。

学校 興奮しやすかったり、衝動的に反応しやすい場合に声量の調整が難しい場合があります。話す前に、今どこにいてどれくらいの声で話すのが適当かを確認させ、落ち着いた状態で話しはじめるようにしましょう。興奮して声量が大きくなりすぎる場合などは、一度話すことを中断させて、一呼吸おかせてみましょう。

子どもに主導権を持たせて自信をつけさせると自己表現がうまくなることも。

2 自尊心が育っていない

家庭 叱られたり注意されてばかりいる子どものなかには、自尊心が低いために小声になってしまう子どもがいます。十五分でもいいので、危険がなくて反社会的でない内容であれば、すべて子どものいう通りに主導権を与えて、一緒に遊ぶ時間をつくってみます。子どもは自分が認められたという経験をすることで、家庭のなかで自己表現がうまくなっていきます。

学校 自信がなく小声になってしまうこともあります。話す内容を紙に書き出しておき、それを読み上げるようにしてもよいでしょう。マイクを使って声を大きくしてあげる工夫も大切です。

口のまわりの筋肉をはたらかせるとリラックスして話しやすくなる。全身運動もよい。

3 感覚面の偏り

家庭 ラッパ、ハーモニカ、吹き矢など口で遊ぶおもちゃでたくさん遊ばせてみましょう。食事やおやつのメニューは、柔らかすぎずによく噛んで食べられるものにして、口のまわりの筋肉をたくさんはたらかせます。口周囲の筋肉への刺激を入れることで、リラックスして話しやすくなります。

学校 大きな声をだすには強い力が必要です。強い力をだす運動や活動が好きな場合には、筋肉が強くはたらきすぎて声が大きくなってしまうことがあります。そこで普段から強い力を使うような運動や活動をたくさん取り入れると、感覚欲求が満たされて、授業中に大きな声をだすなどの強い力を伴う行動が抑えられます。休み時間に全身を使う綱引きや登り棒、また吹き矢のように口のまわりを集中して使う活動などもおこなうとよいでしょう。

表情の理解を促す。学校ではロールプレイで体験してみる。

4 相手の気持ちを読み取りにくい

家庭 人の様々な表情を描いたカードを用意してみましょう。例えば泣いているカードをみせて、どのような状況でどのような気持ちなのかを一緒に考えてみます。そのようなときはどれくらいの声で話したらよいのかといったことも話しあってみましょう。

学校 例えば、けがをして痛そうにしている子どもに対してはやさしく話しかけてみる、遠くの友達を呼ぶときには大きな声で呼んでみる、図書館では小声で話してみる、といった場面を設定したロールプレイをしてみましょう。具体的な場面にあった行動を体験することで汎化しやすくなります。

⑲ 騒ぐ・奇声を発する

気になる言動

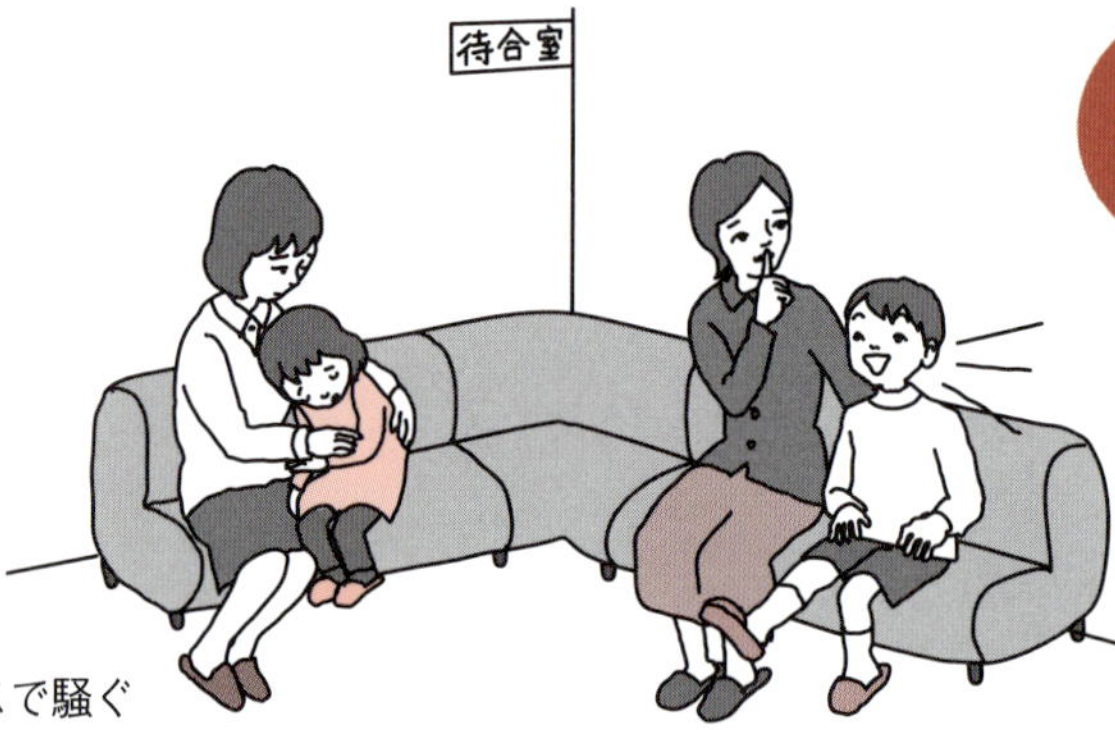

待合スペースで騒ぐ

何度も同じことを聞く

遊んでいるうちに楽しくなって
奇声を発する

確認

- □ どのような場面で騒ぎますか。
- □ 集中して取り組める活動はありますか。
- □ 親子で過ごす時間がありますか。

　大人にとって静かにしていてほしい場面に限って、特に年齢の低い子どもほど、騒いだり奇声をだして困らせたりします。夜寝る時間になっても騒いでいたり、学校の集会のときなどに騒いでしまう原因としては、自分のおかれている状況がわかりにくいことが考えられます。また、まわりがテレビを真剣にみているのに兄弟で遊んでいるうちについ楽しくなって騒いでしまったり、仲のよい友人が隣の席になったときなど、わかっていても騒いでしまうこともあります。**何度も同じことを繰り返し聞くなど、親に注目してもらいたいために騒いだり、授業中に教師に注目してもらいたいために騒ぐ場合もあります。**このような子どもに、何度注意しても叱っても、なかなか思うように改善しないことがあります。うまく改善されないということは、環境の調整や指導の仕方がその子どもにあっていないと判断でき、注意や叱ることが有効ではないことがわかります。

　騒いだり奇声をだしやすい環境とは、子どもにとってあまりメリットのない、例えば病院の待ち時間など、ただ待っているような状況であることが多いものです。そこで騒がず待つために取り組める活動を用意してあげることも大切になってきます。苦手なものや嫌いなものが原因で騒いでいる場合もあるので、騒いでしまう原因をよく考え、理解して対応していくことが大切です。

ワンポイント
アドバイス

落ち着いているときに冷静に話しあう

●場面にあった行動を丁寧に教える

年齢の低い子どもが騒いだり奇声を発するのは当然だと理解しましょう。注意する大人も幼い頃にはしていたはずです。

騒がれたりすることで困るようであれば、そのような場所に連れて行かないようにします。そして、例えば買い物に一緒に連れて行ったり、マイカー移動だけでなく公共交通機関を利用したときなど、その都度場面にあった行動を丁寧に教えていくことで、むやみに騒いだり奇声を発するようなことはなくなっていきますので、長い目で対応していきましょう。

●無理強いは意欲の低下につながる

騒いだり、奇声を発するのは必ず理由があります。その行動にただ反応して叱ったり注意するのはやめましょう。

子どもが落ち着いたら、騒いでしまったときの状況や理由、今後の対策について冷静に話しあってみるとよいでしょう。そして、決して無理強いはしないことです。無理強いをすると心にひどい傷ができてしまい、嫌なことを強要されてしまうのではないかと不安になってしまいます。その不安は、自尊心を低下させ、ほかの活動にも悪影響を及ぼすことがあります。

子どもが様々なことに意欲的にチャレンジしていけるような環境を提供していくことが、最も大切なことなのです。

誤解！

嫌いには理由がある？

苦手なものはなかなか克服できないものです。また子どもに対して嫌がる理由を深く詮索しても、答えが得られない場合もあります。嫌なものは嫌なのだと理解して、嫌がることに共感してあげましょう。共感してもらえることで、安心することができます。

一日一回は思いっきり騒いでもよい場面を設定する。

1 自分をコントロールする力が弱い

家庭

じっと待っていることが苦手なために、騒いだり奇声をだしたりすることがあります。いつまで待つのか、待ったあとに何があるのかということを丁寧に伝える必要があります。「時計の針がいくつまでは静かにしましょう」と具体的に伝えてあげましょう。

学校

騒いでよい場面といけない場面をはっきりさせ、それを書き出しておきます。騒いでよい場面を一日一回は用意するようにして、そのときに思いっきり騒ぐように伝えてみます。無意識に騒いでいたことを意識するようになり、結果的にメリハリがついて、騒いではいけない場面に騒ぎにくくなっていきます。一緒にいると騒ぎやすくなる仲間との席は離すといった対応も重要です。

自信のなさから騒ぐこともあるので、できることをやらせてしっかりとほめてあげるのが大切。

2 自尊心が育っていない

家庭

子どもの得意なところ、得意だと思っていること、苦手なところ、苦手だと思っていることを把握しておきます。これらを把握して、得意な部分や苦手なことだが取り組んだときなどはほめて、苦手なことに取り組んで失敗しても大丈夫だということを伝えるなどの対応をすると、子どものプライドを守り、チャレンジできる子どもに育ちます。そうした対応をしていくことで、騒ぐことも減っていきます。

学校

その場面や活動に自信がないために防衛的になってしまい、騒いだり奇声をだしている可能性があります。活動や課題の難易度をもう一度確認し、難しすぎる場合には、回数や時間、量を調整してみましょう。少しでもうまくできたらほめてあげましょう。

あっちへ行って！

蝶はかんだりしないんだ
虫

みるのが苦手なものもある。まずは苦手なものへの知識を得ると冷静に対応できることも。

3 感覚面の偏り

家庭 みえるものや聞こえる音、触る感覚などに苦手さがある場合に、その感覚を感じたときに騒いだり奇声をだしてしまうことがあります。例えば、動物が苦手でみただけで騒いでしまう場合などです。予告できることや避けられる状況であれば配慮してあげましょう。

学校 虫や動物が苦手な場合には、その係から外してあげるなどの配慮が必要です。自分からかかわりを持ちたいと希望できるようになるには、まずは苦手なものについての知識を得ることも必要です。感覚的に苦手であっても大丈夫と理解できれば、冷静に対応しやすくなります。

宿題が終わったらテレビをみようね

子どもには肯定的な話し方を心がける。冗談が通じない子どももいるので配慮する。

キャー

4 相手の気持ちを読み取りにくい

家庭 話し方に配慮してみましょう。例えば、「宿題をしなかったらテレビはなしだよ！」ではなく、「宿題が終わったらテレビをみようね」と、同じ内容でも肯定的な話し方にかえてみます。子どもは混乱しないので騒ぐこともなく、落ち着いて、対応しやすくなります。

学校 ほかの子どもに冗談をいわれたときに、それを真に受けてしまい、騒いでしまうことがよくあります。このようなことがよくある場合には、かかわる子どもたちに、その子どもにはいってはいけない冗談について話してみるのもよいでしょう。騒ぐ子どもを面白がってからかう子どもに対しては、担任がからかう理由を確認し、とてもつらい思いをしているということを伝えてもらいます。

⑳ 絶えず体の一部をゆすっている

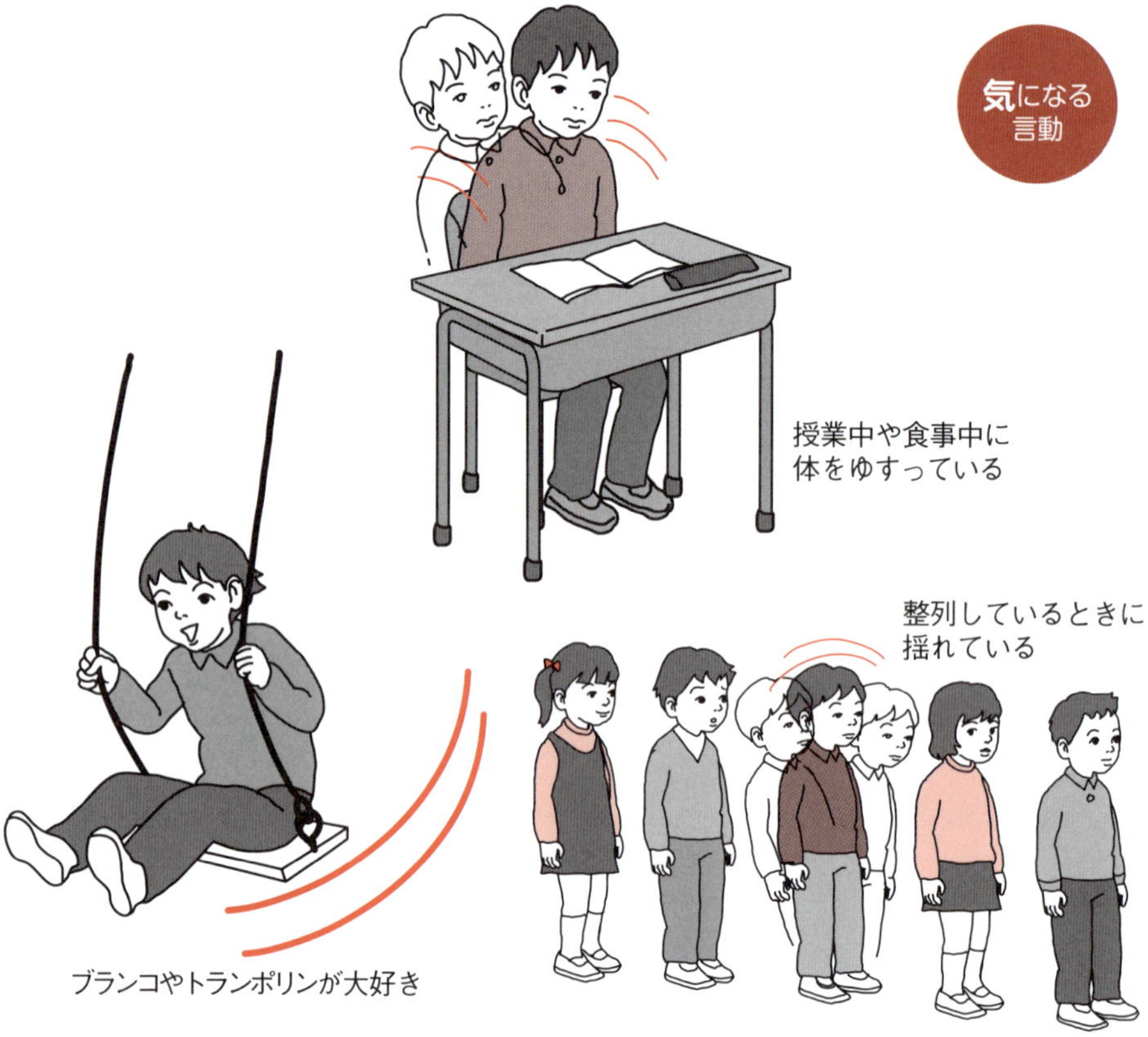
気になる言動
授業中や食事中に体をゆすっている
整列しているときに揺れている
ブランコやトランポリンが大好き

確認

- □ どんなときに体をゆすっていますか。
- □ 睡眠はしっかりとっていますか。
- □ 体を動かす活動を積極的に取り入れていますか。

子どもだけではありませんが、席に座っていたり、立っているときなどに、絶えず頭や体をゆすっていたり、体の一部を動かしていることがあります。授業中や食事中などにそのような行動をしていると、落ち着きがないとか、集中して聞いていないのではないかと判断されてしまいます。また、周囲の子どもたちが気になって集中しにくくなり、迷惑な行動だと思われてしまうこともあります。

一般的に、取り組んでいる活動自体に興味がなくてつまらないから揺れていると判断されがちですが、特に子どもの場合はそれだけが理由ではありません。無意識に揺れることで覚醒状態を保とうとしたり、揺れる感覚を自分でつくりだすことで気持ちを安定させようとしていることがあるのです。したがって、ただ「揺れないようにしなさい」と注意しても無意識におこなっていることなので、改善しない場合が多いと思われます。

覚醒状態を保とうとして揺れている場合には、まず睡眠覚醒の生活リズムが整っているかを確認します。夜しっかり眠れていないと、昼間眠くなってしまうことがあります。生活リズムが整っているにもかかわらず覚醒状態が低くなってしまう場合には、動いても問題とならないような場面を活動のなかに用意していくことが大切です。揺れる刺激をつくりだすことで安定しようとしている子どもは、ブランコやトランポリンなど前庭感覚を刺激する活動を好んでおこないます。その場合には、休み時間や体育の時間、普段の遊びのなかにたくさんそのような活動を取り入れていきましょう。

揺れる原因は様々にあることを理解して、個々に対策を考えていく必要があります。

ワンポイントアドバイス

周囲に迷惑をかけない範囲で自己感覚刺激を取り入れる

●ほかの刺激を取り入れてみる

ゴムボールを握らせる、足の下にクッションをおいて足で踏ませる、机の裏にマジックテープを貼りそれを触らせるなど、ほかの刺激を取り入れることで、揺れる行動を減らせる可能性があります。このように、ほかの子どもに迷惑にならない方法で、活動中に自己感覚刺激を促す方法もあります。

また、椅子にこだわらず、足が床につく程度の大きめのバランスボールに座らせて活動する方法もあります。バランスボールに座ることで心地よい揺れる刺激が得られ、適度に筋肉がはたらくようになります。

●積極的に取り入れることも

周囲に迷惑とならない自己感覚刺激によって学習に集中できるのであれば、積極的に取り入れていきたいものです。

そのほかの工夫としては、授業中であればプリントを配る、集める、何かものを取りに行くなど目的を持って動ける役割を与えてみるとよいでしょう。場面に即して動ける活動を提供することで、不適切な行動と受け取られることもなくなり、動くことで前庭感覚が刺激されます。そうしていくと、揺れることは減少していきます。

体を揺らすことは成長とともに次第に減っていくことが多いです。また意識させていくことで自ら気づいてやめるようになります。揺れていないときに注目してほめてあげると、意識できるようになっていきます。

誤解！ 固定すると効果的？

じっとする練習は効果的ではありません。揺れないように椅子に固定されたりすると、よけいにその刺激を求めて動こうとします。また、そのような不適切な対応をされた子どもは自尊心も低くなってしまいます。

その子どもの好きな（必要とする）感覚を可能な時間にたくさん経験させると有効な場合があります。

食事中は静かな環境を。興味のない学習は体をゆすって気を紛らしていることがある。

1 自分をコントロールする力が弱い

家庭 家庭で体をゆするのが気になる場面は、学習や食事場面が挙げられます。学習の難易度や量が子どもにあっているかを確認し、あっていない場合には教師などに相談するとよいでしょう。食事中は、テレビや音楽などを消しておきます。揺れながらでも集中して食べられているのであれば容認し、子どもが満足する程度に食べ終わっているのであれば食事を終了しましょう。

学校 自分をコントロールする力が弱い場合には、課題や活動に興味がないために揺れて気をそらしてしまっていることがあります。課題や活動の内容について興味を持てるような工夫をしてみましょう。興味がなくてもしなくてはならない内容については、量や回数、時間などを減らして集中してできる範囲からおこなってみましょう。

叱られてばかりいると不安になり、揺れることで解消しようとよけいに自己感覚刺激に走る危険性も。

2 自尊心が育っていない

家庭 叱られることが多いと、自信を持って取り組みにくくなってしまいます。その不安を解消するために体の一部を無意識に動かしたり、自分の髪の毛を触るなどの自己感覚刺激をすることがあります。うまくできたところに注目するようにし、叱らない対応を心がけましょう。

学校 まずは学校生活が安心して過ごせているかを確認します。学習の進み具合や友人関係、自分の役割が円滑におこなえているかを多方面から確認していくとよいでしょう。学校で原因が考えられない場合には、家庭環境や親子関係などを見直してみます。

すべてを否定しない。場面や回数を子どもと決める。

テレビをみるときは
揺れていいよ。
食事中は
揺れないよ

ワーイ

3 感覚面の偏り

家庭 揺れるのを禁止せずに、揺れてよいときと揺れないほうがよい場面を話しあって明確にしておきます。揺れてもよい場面では、そのことを指摘するようなことはしません。揺れないほうがよい場面でどうしても揺れてしまうときには、回数を決めて許容してみましょう。また、ブランコなど揺れる刺激の遊びをたくさんおこなわせてあげます。

学校 ブランコなど揺れる活動が大好きな子どもは、その感覚を自分でつくりだすために揺れてしまうことがあります。ブランコやすべり台、自転車など、揺れたりスピード感のある遊びを休み時間にたくさんおこなわせましょう。揺れる感覚を取り入れることで、そのあと落ち着いて課題や活動に取り組めるようになります。

注意するよりもほめることで行動が減ることもある。周囲がどう感じるか、一緒に考えてみる。

じっとして
いられたね

4 相手の気持ちを読み取りにくい

家庭 揺れていないときに「今、じっとしていられたね」とほめてあげます。そうすることで、揺れないことを親は望んでいるのだと気づいていきます。そして、無意識に揺れてしまっているときにも、自分で揺れていることを意識しやすくなっていきます。注意よりも、うまくできているところを認めてほめましょう。

学校 揺れている自分をみて、まわりがどのような気持ちになるかがわかりにくいと、揺れることが持続しやすくなってしまいます。揺れているとまわりが気になってしまい集中できないことを丁寧に伝える必要があります。また友達が嫌な思いをして離れてしまう可能性について、一緒に考えてみるのもよいでしょう。

㉑ 衣服の調節

気になる言動
服を着すぎて暑いのに
上着を脱がない
寒いのに上着を着ないため
風邪をひいてしまう
興味関心のあることに熱中しすぎる

確認
- □ 暑くて汗をかいているときに自分で服を脱げますか。
- □ 寒いときに自分から上着などを着ますか。
- □ 熱中しすぎることはありますか。

子どもは風の子といわれ、元気な子どもは冬でも半袖半ズボンで過ごしていることがあります。しかし、一般的に暑くなったり寒くなったりしたときに、気温にあわせて衣服を調節する必要があります。

暑いのに上着を脱がずにいると熱がこもってしまい、必要以上に汗をかいてしまいます。熱がこもった状態では、頭がボーッとなり、注意力や集中力が低下してしまう可能性がありますし、その後、汗が蒸発し体が冷えすぎてしまうことで、体調をくずしてしまうこともあります。逆に、寒いのに上着を着ないでいると体が冷えすぎて、やはり注意力や集中力の低下や体の不調につながってしまう可能性があります。

年齢の低い子どもは、気温の変化や自分の体温の変化に気づきにくく、衣服の調節がうまくできないので、周囲の大人が調節してあげます。特に季節の変わり目や運動前後は衣服の調節が難しいので、大人の協力が必要な場合があります。このときに先まわりして、「着なさい」、「脱ぎなさい」と伝えるだけではなく、たとえば運動して汗をかいているようであれば、一度静止させ、今の自分の状態を考えさせて把握させるようなかかわりを持つことが重要です。

そして、就学前後になってもうまく調節がで

ワンポイントアドバイス

運動で汗腺の発達を促そう!!

●運動をして汗腺の発達を促す

汗腺の発達と体温調節機能の発達とは関係があります。汗腺の量は生後三歳までに過ごした環境で決まるといわれ、寒い地域では少なく、暑い地域では多くなるといわれています。

また、汗腺の機能自体は、夏に汗をしっかりかくことで発達しますので、たくさん運動をしてしっかり汗をかくことが大切です。親子で一緒に遊ぶときには、熱中症予防のために十分水分補給をすることに気をつけながら、運動をしてみましょう。

●低体温の弊害

汗腺が発達しないと基礎代謝が低くなり、熱がでないような体温の低い状態になってしまいます。すると、活動性が落ちますし、太りやすい体質にもなってしまいます。自分で熱をつくりだす力が弱いために、必要以上に寒がりになる可能性もでてきます。

そのような状態で空調の利いた環境で過ごしてばかりいると自律神経系の発達を妨げてしまい、健康にも悪影響を及ぼします。

きない子どもたちがいます。大人にいわれたり、まわりの子どもたちの様子を確認することで気づく場合もありますが、気づく機会がない場合には、いつまでも衣服を調節せずに過ごしていることがあります。なかでも、興味関心の強い内容に対して集中しすぎてしまう子どもは、衣服の調節が苦手な場合があります。**このような子どもたちは自然にできるようになることは難しいので、成長するにしたがって、自分で気づいて調節できるようにしていく工夫が必要になっていきます。**

誤解！

汗をかいても乾くから大丈夫？

汗をたくさんかく場合、綿のシャツを着たままだと、そのあと冷えて寒くなってしまいます。汗が乾きやすい素材のシャツを着ることで、大量に汗をかいたあとでも体が冷えにくくなります。

また風の強いときなどは、ただ重ね着をするだけでは暖かくなりません。風を通しにくい素材のウインドブレーカーなどを一番上に着るなど、細かな配慮をすることが大切です。

没頭している遊びを一旦中止させて、まわりの服装を確認させてみる。
楽しいな。暖かくなってきたな
皆厚着してるけど寒くない?

1 自分をコントロールする力が弱い

家庭 少し寒いだけ、暑いだけなのに極端に寒がったり暑がったりする場合があります。無理のない範囲で時間を決めて、好きな遊びに集中することで、暑さ寒さに耐える力を育ててみましょう。家のなかでは、少し寒いからといってすぐに暖房をつけるのではなく、衣服で調節する機会を設けてみましょう。大人が子どもの見本になるように、一緒に調節するとよいでしょう。

学校 好きな遊びに没頭しすぎる子どもの場合は、一度中断させて気温やまわりの子どもたちの衣服の状態を確認させるように声かけしてみましょう。運動する前にクラスで一斉に衣服の調節をする場面を設けてみるのもよいでしょう。

家庭では脱ぎ着のルールを決めておこう。
おかえり
よく脱げたね。えらいね
今は脱いでも大丈夫だよ

2 自尊心が育っていない

家庭 衣服の調節に関して大人が過剰にかかわりすぎていると、自分で調節する力が育たなくなってしまいます。家に帰ってきたら一枚脱ぐなどと決めておき、それができたときにはほめてあげます。みえるところに、脱いだ洋服をかけるハンガーやしまう入れ物などを用意し、自分で気づきやすいようにしてみましょう。脱げたらカレンダーにお気に入りのシールを貼るなどすると、子どもはそれを励みに取り組みやすくなります。

学校 今、服を脱いだり着たりしてよいか自信がなかったり、叱られてしまうのではと不安になっている子どもがいます。教師はその子どもが安心して衣服を調節できるように様子をみながら、「脱いでも大丈夫だよ」などと声かけしてあげましょう。

家庭や学校では温度計を活用してルールづくりをしてみよう。

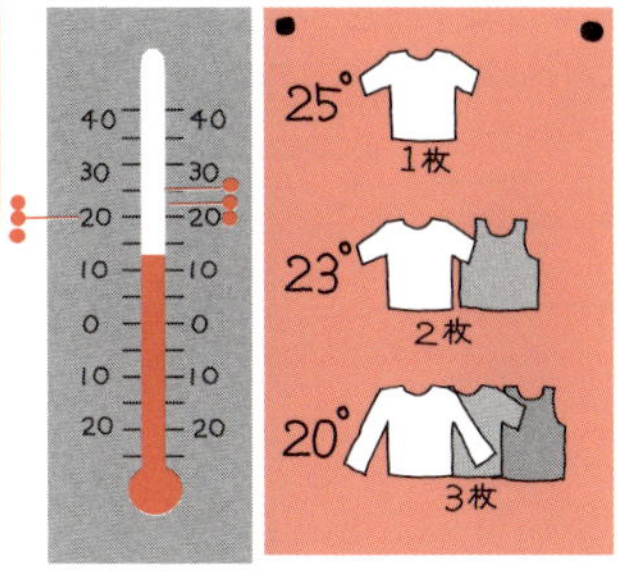
25° 1枚
23° 2枚
20° 3枚

汗《あせ》をかいているときは
脱《ぬ》ぐ
震《ふる》えるときは着《き》る

3 感覚面の偏り

家庭 気温の変化がわかりにくい場合には、温度計を活用してみましょう。25度以上はシャツ一枚、23度は二枚、20度は三枚というように具体的に決めて表にして貼り出してあげます。また、子どもと一緒に明日の気温を天気予報などで確認し、着ていく洋服について話す機会を設けてみるのもよいでしょう。

学校 厚着もしくは薄着しすぎるときなどに、声かけをして今の気温や体温を意識させ、あわせて温度計も確認させます。「汗をかいているときは脱ぐ」、「震えるときは着る」と書いたものを、気づきやすいようにみえるところに貼り出しておくのもよいでしょう。また温度計をみる習慣をつけさせるために、みる場面を決めることも大切です。

気温の変化について共感できるような声かけをする。

温まったね

○○君は運動したから暑そうだね
?

4 相手の気持ちを読み取りにくい

家庭 お風呂に入って温まったときなどには、「体が温かくなったね」と共感の言葉かけをしてみます。また寒い日などは、「今日は寒いね」と伝えるなど、気温や体温の変化について親子で共有できるような場面づくりを意識してつくってみます。共有できたときにはうれしいことを伝えてあげるとより効果的です。

学校 まわりの子どもが脱いだり着たりしているのに、なぜそうしているのかがわかりにくい場合があります。例えば脱いでいる子どもについては「運動して暑くなったから脱いでいるんだね」と、その理由を一緒に考えて導き出してあげるとよいでしょう。

㉒ 宿題

気になる言動

宿題の内容が難しすぎて困っている

宿題が多すぎて困っている

いつも宿題を後まわしにしようとする

確認

- □ 宿題の量は適切ですか。
- □ 宿題が難しすぎませんか。
- □ 習い事が多すぎませんか。

宿題の目的は学力向上はもちろんですが、親子のコミュニケーションを通して、学習をすすめていくために必要な基礎力を育てていくことにあります。**学習に必要な基礎力とは、落ち着きや注意力、集中力、自己統制力などです。こうした基礎力が育つことで読む力、理解する力、書く力などが発揮されるようになっていきます。基礎力のなかでも重要になってくるのが、自己統制力、すなわち自分をコントロールする力です。**好きな宿題だけやってほかはしないようでは困ってしまいます。苦手だけれども、決められた量はがんばってやり遂げる力を育てていくことが最も重要です。自己統制力は、学習だけでなく、友人関係、運動、将来的には仕事に就き決められた仕事を責任を持って遂行するためにも必要な力です。

しかし、子どもは友達と遊ぶ約束をしたから、テレビやビデオをみたいからなどと理由をつけては宿題を後まわしにしようとします。また、習い事が多すぎて宿題をする時間を確保できない場合もあります。さらには、子どもにとって宿題の量が多すぎたり、難易度が難しすぎる場合もあります。**まずは宿題を終えることを目的としないで、子どもが自発的に取り組み、学習に必要な基礎力が育つように対応していく必要**

があります。

　また環境を整えることも大切です。テレビを消して、学習しやすい椅子と机を用意するなどの集中しやすい環境づくりをします。そして、宿題をする場面や時間などを決めていくことが重要で、なるべく早めに、好きなことの前におこなわせます。寝る前や好きなテレビのあとでは取り組みにくくなってしまいます。

ワンポイント
アドバイス

宿題の意味を考えて、おこないやすい環境を整える!!

●自己統制が大切

　宿題を子ども自身が自ら取り組むためには、決められた課題をこなしたり、ルールを守るといった自分をコントロールする力を学校に入る前から家庭で伸ばしておくことが大切です。それは、例えば食事のときは座って食べる、おやつは決められた量を守るなどといった日常生活のなかで取り組める内容で十分です。

　また、生活リズムについても確認します。夜遅くまでゲームをしていたりテレビをみているような環境だと、自分をコントロールする力が伸びにくくなってしまいます。学習課題の前にこのような生活習慣を見直してみることが大切です。

●学校は家庭まかせにしない

　教師は、宿題をしてこない子どもに対して親に注意をしたりすると、親は宿題をただ片づけることだけに注目し、結果的に子どもは叱られながら宿題をするようになってしまう危険性があります。親には宿題をおこなう意味を伝えて、取り組みやすい時間帯や環境の配慮を提案してみます。子どもが宿題をしたがらず、提出できなかったときなどは、学校の昼休みや居残りをさせてでも教師が責任を持っておこなわせることを家族に伝えておきます。そうすると家族は対応に余裕がでますし、子どもは家庭でできなかった分を学校でやらなくてはならないために遊ぶ時間が減ってしまうので、家で宿題を終わらせようという気持ちになります。

　このように決められたことをおこなうとメリットがあり、やらないと自分にとって不都合が起こるような環境設定を大人が考えてあげることも大切です。

誤解! 習い事は多いほどよい?

　習い事は、たくさんすればよいというわけではありません。子どもが希望する習いごとをさせてあげるのはよいのですが、親が習わせたいばかりにたくさん通いすぎることで、学校の宿題がおろそかになってしまわないように調整する必要があります。

宿題は楽しみの前にすませる。教師は親に適当な量か確認をするとよい。

これが終わればゲームができるぞ

いつ宿題をしていますか?

1 自分をコントロールする力が弱い

家庭 宿題をする時間や場面を決め、宿題が終わったら好きなことができるように設定にします。子ども自身がやり遂げる力を育てることが重要なので、宿題に一時間以上かかっているようであれば担任と宿題の量について相談してみましょう。

学校 宿題をいつどのようにおこなっているかを確認します。寝る前や、遊んだりテレビをみたあとに宿題をしているようであれば、宿題を先にするように提案してみます。子どもの学習の到達度と宿題の内容にズレはないか、量が多すぎていないかなども確認していく必要があります。

親の過干渉は自立心を阻む。教師は子どもが親に叱られないように配慮することが大切。

わからなければ呼んでね
がんばってできたね。えらいよ

2 自尊心が育っていない

家庭 宿題をするたびに叱られたり過干渉な状況が続くと、自信を持って答えられなくなり、思考自体がうまくはたらかなくなってしまいます。子どもが自分から取り組んでいるときは見守ってあげ、わからなくて困ったときにはいつでも質問できることを伝えておきます。質問してきたり、自分でわかる部分だけでもできたときにはほめてあげましょう。

学校 親に叱られながら宿題をしていないか確認してみます。そのような状況であれば、例えば三十分間は一人で取り組み、わからないところはあとで親と一緒におこなうように提案してみましょう。教師は親に叱られなくてすむ方法を考える必要があります。宿題はやって当然といった態度ではなく、子どもが努力しているときにはほめ、宿題ができたときには一緒に喜ぶ姿勢が大切です。

いっぺんにみえる量を減らすことも大切。

拡大コピー

一人でできる量からはじめてみましょう

3 感覚面の偏り

家庭 一度にたくさんの量の問題が書かれていると、みただけで不安になり、できないことがあります。拡大コピーをして、いくつかに切り分けてみたり、折り返したりして、みえる問題の量を減らす工夫をしてみましょう。

学校 家庭での宿題のやり方に柔軟性を持たせましょう。子どもが一人でやり遂げる力を育てることに重点をおき、最初は必ずやり遂げられる分量にします。そして、さらに取り組みやすくするためには、漢字の模写ならば一画ごとに色分けしたり、書き順が振ってある見本を用意するなど目でみてわかりやすい工夫を学校側から提案すると、家族も安心して取り組めます。

やり遂げたらほめる。それを繰り返すことで、うれしさから自発的にやるようになる。

その調子！ママもできてうれしいな

ガミ
ガミ
こわいから宿題やっとこう

4 相手の気持ちを読み取りにくい

家庭 子どもはほめられると伸びていきます。宿題に取り組んだり、できたときにたくさんほめて、取り組む姿勢ややり遂げることで親がうれしいという気持ちを伝えてあげましょう。

学校 宿題をしてこないことに対してただ注意したり叱ったりしているだけだと、「叱られるから宿題をしよう」と考えるようになってしまいます。一度宿題を確実にできるような内容と量にして、宿題をしてきた子どもをたくさんほめてみましょう。また、宿題をしてきてくれたことがうれしいという気持ちも子どもに伝えてみましょう。子どもは教師を好きになることで、その人のだす宿題だからがんばろうという気持ちも育っていきます。

㉓ 忘れ物

気になる言動

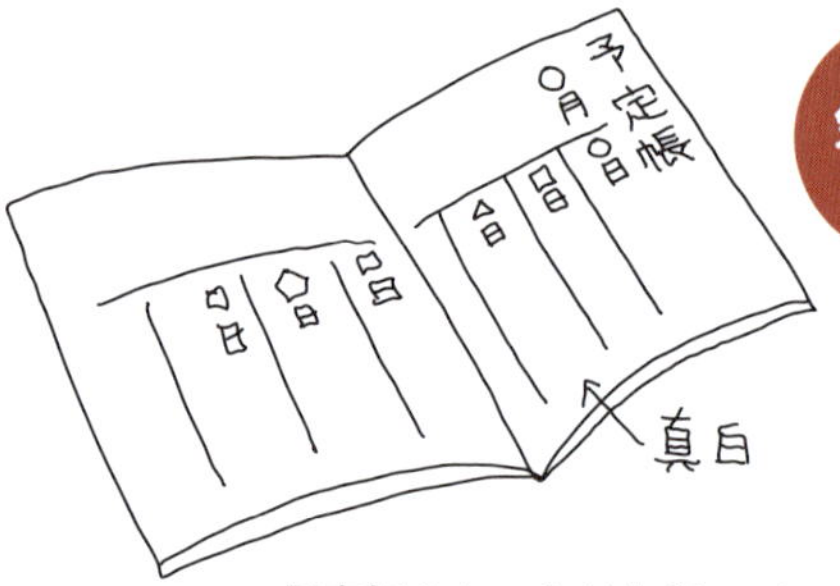

予定帳をしっかりと書いていない

子ども自身でなく、親が準備している

前日に準備をしないで、毎朝
慌ててやっている

確認

- □ 予定帳が空欄になっていませんか。
- □ 子どもに準備をさせていますか。
- □ 前日に準備する習慣をつけていますか。

外出時に忘れ物をすると、出先で困ることがあります。特に学校への持ち物を忘れてしまうと円滑な学習への妨げになります。また、集団活動に必要なものを忘れれば友人関係にも影響しますし、忘れ物を繰り返すことで周囲からの評価が低くなり、自尊心の発達にも影響を及ぼしてしまいます。

忘れ物をしないためには、持ち物をしっかりと確認してその内容を記憶し、記憶しきれない内容については記録しておく必要があります。そして、翌日の準備をする際にその記憶や記録を確認します。確実に準備するためには、時間に余裕を持っておこなうことも大切です。

子どもに忘れ物があったときに大人はつい叱って注意してしまいますが、叱ってもなかなか改善しない経験をした人も多いと思います。これは、子どもにとって失敗を指摘されるだけで、その対応策を学ぶ機会が得られていないからだと考えます。子どもが忘れ物をしてしまう原因を冷静に観察・分析して、一緒に対応策を考えていくことが重要です。

まずは、学校で翌日の予定帳をどのように書いているのかといった情報が必要です。また、忘れ物をしないように親がいつまでも準備をしていたのでは、子どもの力が育たなくなってしまいます。子どもが自分自身を管理する力を高めていくためにも、丁寧に根気よく、忘れ物をしなくなるような支援をしていきたいものです。

ワンポイント
アドバイス

忘れ物をして困る経験も必要

●助け舟をださないことも大切

忘れ物をしたときに、まわりの人に貸してもらったり、みせてもらうことなどで対応していると、「相手に迷惑をかけてしまうから、次は忘れないようにしよう」と思える場合もありますが、何度も忘れる場合には、「忘れても誰かに貸してもらえばいい」と誤った解釈をしてしまうこともあります。

基本的には年齢の低いうちから、忘れ物をしたために本人が困るような経験をさせてみることも大切です。忘れ物をして困る経験をすることで、次からは忘れないようにしようとするものです。

●忘れ物をしなかったときに注目する

親が過干渉になって先まわりして準備をしたり、忘れ物をしても困らないように対応しすぎると、自分でしっかりと準備しようといった気持ちにはなりにくくなってしまいます。子どもが忘れ物をしたときに注目するよりも、忘れ物をしないように準備をしていたり、忘れ物をしなかったときに注目してほめていくことが最も効果的な対応になるでしょう。

学校でも、忘れ物をしたら罰を与えるだけでなく、忘れ物をしないためにはどのように対応したらよいかを、具体的に子どもと一緒に考えることが必要です。そして、忘れ物をしなかったときに注目していくことが大切になります。

誤解！ 忘れ物をしない人はいない

忘れ物は気をつけていても誰でもすることです。忘れ物をしなかったときにほめるだけでは、忘れ物をする人間はだめな人間だと理解するようになってしまい、忘れ物をしたときにうまく対応できなくなる場合があります。そこで忘れ物をしないための努力をしたことを認めて、次に忘れ物をしないための工夫を一緒に考えていくことが大切になっていきます。

家庭では準備する時間を決めよう。学校では教師に予定帳を確認してもらう。

明日の準備はこれでよしっと

連絡帳はちゃんと書けてるね

1 自分をコントロールする力が弱い

家庭

子どもと話しあって翌日の準備をする時間や順番を決め、準備が終わったら好きなことができるような設定にします。例えば、つい準備をしないままにテレビをみているようであれば、叱るのではなく毅然とした態度で「準備が終わったらテレビをみようね」と伝えます。また、集中できるようにテレビを消すなどの配慮も必要になります。

学校

翌日の予定帳が書けているかを確認します。書けていないようであればその原因を確認する必要があります。文字を書くことが苦手なのか、ほかのことに気が移ってしまっているのかなど様々な原因が考えられます。予定帳がしっかりと書けるようになるまでは、書き終えたあとに教師が内容を確認することが大切です。

叱ると自尊心が低下するので逆効果。教師は一緒に考える姿勢を示す。

また忘れてダメでしょ!

先生と一緒に忘れ物しない方法を考えてみようか

2 自尊心が育っていない

家庭

忘れ物をするたびに叱られると、子どもの自己評価は低下してしまいます。忘れ物をしないためにおこなっている準備や予定帳を書くなどの行動自体を認めていく必要があります。また、親が忘れ物をさせまいと過度にかかわっていることも自尊心の発達の妨げになるので注意しましょう。

学校

忘れ物をたびたびしてしまう子どもと一緒に、忘れ物をしないためにはどうしたらよいかを考えてみます。自分が忘れ物をしないために周囲の人が一緒に考えてくれることで、忘れ物をなくしていこうとする気持ちを高めていくことができます。

予定帳がうまく書けない場合はお友達に聞いたり、カメラにおさめるなどの工夫も。

明日の持ち物教えて

明日の予定
○○○○○
カシャ

3 感覚面の偏り

家庭 みて書き写すことが難しかったり、不器用なために丁寧に書かれていない予定帳では、何が必要なのかがうまく確認できないことがあります。読み取れない、もしくは書けていない場合には、友達の家に電話をして、持ち物を確認させるようにしてもよいでしょう。丁寧に書いてきたときにはほめられ、忘れ物もしないといった成功体験をさせることで、忘れ物は減っていきます。

学校 書くことに時間がかかったり、丁寧に書き写せない場合には、デジタルカメラで予定を撮影する方法があります。忘れ物をしないことが目的なので、場合によっては子どもにあった手段を提供することも必要です。

忘れ物をすることで相手がどう思うかを丁寧に気づかせていくことが大切。

ママが約束を忘れたらどう思う?

?
いこう!
また忘れてるよ

4 相手の気持ちを読み取りにくい

家庭 大切な内容を親に伝え忘れたり、忘れ物をしてしまうことで親がどんな思いになるのかを、叱るのではなくわかるように伝えていく必要があります。相手の気持ちを読み取りにくい子どもの場合には、「自分だったらどう思うか」と考えさせるようにする機会が必要です。

学校 忘れ物をすると自分が困るだけではなく友達にも影響があること、嫌な思いをした友達は次第に遊んでくれなくなってしまう可能性があるということに気づかせるような話しあいをしていく必要があります。頭ごなしに「忘れてはいけない」といわれても、相手の気持ちまで気づきにくい場合が多いのです。

24

気になる言動

授業中に歩きまわる

授業中に席を離れて歩きまわる

興味関心が移りやすい

勉強の内容が難しい

確認

□ 休み時間などに十分体を動かせていますか。

□ 担任教師と信頼関係ができていますか。

□ 授業の内容に興味がありますか。

子どもは年齢が低いほど、授業中に自分の席を離れて外をみに行ってしまったり、友達のところに行ってしまうことがあります。また、勝手に前に出てきて問題に答えたり、ふざけてしまうことなどもあります。なかには、教室から出ていってしまう子どももいます。授業中に歩きまわることは、本人の学力が習得されないだけでなく、クラスメイトの学習も妨げてしまいます。教室のなかにとどまらず教室外まで出ていってしまうと、教師の目から離れて危険な場面に遭遇してしまう可能性もあります。したがって、このような行動は学校側としても非常に問題視します。

このような子どもに対して、ただきつく叱ったり罰を与えても、改善されないことがほとんどです。また、教師が家族に伝えて注意するようにしてもやはり同様だと思われます。なぜなら、その行動には子どもなりの理由があるからです。その理由を考えることなくステレオタイプの対応をしているだけでは、行動が改善しないだけでなく、子どもの自尊心が育たなくなってしまいます。親が厳しくかかわることで、親子関係に問題が生じる危険性もあります。

席を離れてしまう要因として考えられるのは、興味関心がほかに移ってしまうこと、じっ

ワンポイントアドバイス

歩きまわりたくなったときのルールを決める

●まずはルールを決める

様々な工夫や対応をしてもどうしても歩きまわりたくなる場合があります。このような場合には勝手に歩きまわることはさせないで、子どもが歩きまわりたくなったら担任に申告するようにルールを決めてみます。申告したらそのあと、その子が何をどれだけして、どうなるまで、どこで過ごすのかも決めておきます。例えば、一定時間別室で好きな本を読む、音楽を聴く、保健室の教師と話すなど具体的に活動を決めることが大切です。問題がなければ、椅子のかわりにバランスボールに座らせて授業に参加させるのも一案です。

●興味を引く対応も大切

興味関心がないために歩きまわってしまう場合には、その子どもの興味関心がどのような内容なのかを把握しておきます。例えば電車が好きであれば、算数の問題に電車を用いてみるといった対応の工夫をすることで、歩きまわらずに授業を受けられるようになることもあります。

と座っていることが苦痛で歩きまわりたい衝動にかられてしまうこと、授業内容がつまらない、その授業に非常に苦手意識があるなど、子どもなりの理由があるので、その原因と対策を考えていく必要があります。

誤解！

歩きまわるのは子どもが困っているサイン!?

歩きまわっている子ども自身、好きで歩きまわっているわけではありません。本人が一番困っているのです。子どもの視線や気持ちに立って対応していくことが大切です。

注目を得たいためにおこなっているようであれば、家庭環境の把握が重要になってきます。家庭生活が落ち着いていない場合に、不適応行動が強くでることがあるからです。不適応行動は注目を得やすいので、自然とその行動が強まってしまいます。不適応行動に注目しないで、どのような行動をしたら注目されるかということに子ども自身が気づけるようにかかわっていくことがとても大切です。

食事中は座って食べる習慣をつける。学校では時間を守る約束をする。

今日のごはんもおいしいな

あと何分だな
12時まで

1 自分をコントロールする力が弱い

家庭 連絡帳などをうまく活用しながら学校の様子を担任に確認します。基本的には叱らずに、少しでも席を立たなかった授業についてほめてあげます。家庭では、食事の時間は席に座って食べるなどの基本的習慣を身につけさせます。

学校 苦手や興味のない教科の場合に、その場から逃れるために歩きまわってしまうことがあります。興味のない教科でも「何時まではがまんして席に着いていよう」と約束してみるとよいでしょう。小さなホワイトボードなどをその子ども用に用意して、みえるところに約束の内容を書いておいておくとさらに効果的です。また、子どもが興味を持って参加できる授業づくりも大切です。

過剰な自尊心をいかして学校ではそれにみあった役割を与えてみる。

今日もずっと座っていられてえらいね

これはこうするんだよ
?

2 自尊心が育っていない

家庭 自尊心を育てるためには、子どものおこなった行動や活動を認め、適切に評価する必要があります。親の望む子どもの理想像や一般的な状態ばかりを子どもに押しつけないようにすることが大切です。子ども個人を評価し、周囲と比較することなく、少しでも席に座れていた点をほめるようにしていきましょう。

学校 自尊心が高すぎると、皆よりもできるという過剰な自信からつい席を立って前に出て答えてしまったり、ほかの子に教えに行ってしまうことがあります。禁止してもその衝動を抑えにくいので、友達に教える役割や、皆の前で発表する機会などを設けておこなわせるとよいでしょう。終了後にはほめることが重要で、そうすると決められた場面以外では歩きまわらずになります。

好きな感覚の活動や運動を思いっきりやらせておくと、満足感から落ち着くこともある。

ブランコ楽しいな

どうぞ

3 感覚面の偏り

家庭 興味関心事や、好きな感覚の活動、運動などを満足するまでできる時間を設けてみます。十分に満足することで、落ち着きやすくなります。学校側にも提案してみるとよいでしょう。

学校 筋肉に力を入れた感覚やスピードのある感覚を非常に好む子どもにとって、じっと座っていることは苦痛です。休み時間にその感覚を満たせるような遊びをたくさんさせて、授業中にはプリントを配らせるなど、目的を持って動ける場面を用意してみましょう。

授業中に歩きまわる子がいると、相手やまわりの友達がどう思うかを考えさせる場面をつくる。

まわりはどう思うかな?
あの授業は難しいかな?
う〜ん……

4 相手の気持ちを読み取りにくい

家庭 授業中はどうしているのがよいかをテーマに親子で話しあってみます。親が一方的に「授業中は立ってはダメ」というのではなく、子ども自身が考えていけるように誘導していきます。「座っている理由、歩きまわるとほかの友達がどう思うか、それを続けていたらそのクラスに居続けられるか、歩きまわりたくなったらどうしたらよいか」などを考えていきます。考えた内容を紙に書き出して、寝る前と朝学校に行く前に読むようにしてみます。

学校 教室を歩きまわるのが相手にとって不快なことだとわかりにくい場合があります。歩きまわる人がいた場合に、ほかの人にどのような影響を与えるか、どんな思いをするか、どうしたらよいかをただ教え込むのではなく、担任とともに一緒に考えていくとよいでしょう。

25 集中する

気になる言動

たくさんの人のなかから
一人の顔をみつけだせない

テレビがついていると会話に集中できない

特定のものだけ取り出すのが苦手

確認

- □ 雑音があっても会話を続けられますか。
- □ 大勢の人やもののなかから、お友達や特定のものを探せますか。
- □ 図形を描くのは苦手ですか。

子どもは三歳くらいになると集中して遊べるようになってきます。そして、集中する時間は遊ぶ内容に左右されます。大好きなテレビやおもちゃなどに対しては、一時間以上集中して遊ぶこともあります。しかし、ほかに興味のある遊びや出来事があると、簡単に注意が移ってしまうのも特徴です。

誰でも読書や学習など、集中して何かをおこないたいときには、静かな環境を好みます。しかし、集中の度合いによっては少しくらい騒がしくても平気な場合もあります。**電車に乗っているときに、雑音のなかでもその音に左右されることなく本を読むことができるのは、自分が取り入れたい刺激に集中することで、ほかの刺激を遮断できる力があるということです。**この力があると、様々な音がするなかで特定の人の声だけに集中して聞き分けることができますが、この力がない場合には、聞こえる周囲の音すべてに意識がいってしまい、集中して聞くことができなくなります。授業中に先生の話を集中して聞けない子どもは、この力が弱い可能性があります。

同様に、視界に入ってくるもののなかで注目すべき部分に注目してみることができるのも、集中するためには重要な力になってきます。た

ワンポイントアドバイス

家庭のなかで集中しやすい環境を整える

●食事中のテレビは消してみる

集中しやすい場面を小さい頃から提供しましょう。例えば、ご飯を食べるときにはテレビを消すといった基本的なことが大切になってきます。一つのことに集中しやすい環境を整えるとは、子どもに入ってくる感覚の量を調整してあげるということです。このような家庭環境のなかで過ごしていると、集中力が高まります。その力は、幼稚園などの集団生活のなかでも発揮されるようになっていきます。

●入る刺激の量を調整する

家庭では集中できるのに集団のなかでは集中できない場合には、刺激の量が多すぎる可能性が考えられるので、小グループに分かれての活動を取り入れるなどの配慮が必要になってくる場合があります。

逆に、幼稚園などでは集中できるのに家庭でできない場合には、家庭内の環境や親子関係を考えていく必要があります。家のなかを整理整頓し、不要な雑音を減らすなどの対応や、親子で一緒に集中して遊んだり学んだりする場面をつくるとよいでしょう。

ただし、友達と一緒だとその影響を受けて集中できるということも考えられるので、一概に家庭環境ばかりが要因ともいえない場合があります。集団場面で力を発揮できていれば、家庭は少しくらい集中できなくても許される場としてとらえてもよいでしょう。

くさんの人のなかから一人の顔をみつけるようなときや、おもちゃ箱のなかから特定のおもちゃをみつけだすときなどにこの力が必要になってきます。学習では、算数の図形問題にこの力が大きくかかわってきます。

また、集中するためには生理的に安定する必要があります。アトピー性皮膚炎や花粉症などのアレルギー症状があったり、睡眠、覚醒などの生活習慣が整っていない場合には、集中しにくい状態になってしまいます。そこで医療機関で適切な治療を受けたり、生活習慣を見直す必要がある場合もあります。

誤解！ 何でも集中できるもの？

苦手なことで集中力は伸びません。得意なことからはじめて、苦手なことも集中して取り組める力を伸ばしてあげましょう。そして、学習からはじめるのではなく、遊びからはじめて次第に学習内容の入ったトランプなどのゲームをしていくなかで、集中力を高めていくとよいでしょう。集中できない場合には、課題の難易度や量、時間に無理があると考えるようにしていくことが大切です。

課題の難易度や量を調節し、それができたときはほめてあげると効果的。

1 自分をコントロールする力が弱い

家庭 決められたことをおこなう力が弱いと、それから逃れるために身のまわりの刺激に反応しすぎてしまいます。興味関心のあるものを片づけて集中しやすい環境を用意し、今すべきことを叱らずに、はっきりと具体的に繰り返し伝えます。宿題をしているときには大人も一緒に寄り添ったり、読書などの学習的な行動をともにおこなうことも必要な場合があります。

学校 自分をコントロールする力が弱い場合、特に苦手な教科では集中できなくなります。学習課題の難易度と量を子どもにあわせることが最も重要になります。遊びについても同様なので、ルールを明確にして、活動の前に確認することが大切です。ルールにそっておこなえた場合には、当然という評価ではなく、しっかりとそのことを認め、ほめることが重要です。

確実にできるもので自信をつけさせ、認めていることを伝えるのが大切。

2 自尊心が育っていない

家庭 おこなう活動に対して自信がないと、不安になり集中することができません。課題のレベルが子どもにあっているかをまず考えてみましょう。確実にできるところからはじめ、「できた！」と成功体験をさせることが重要になってきます。

学校 学校は集団場面なので、子ども自身もほかの生徒と比較しますし、教師からも比較や評価されやすい場面になります。比較されたときに低い評価ばかりだと、自己評価がさがってしまいます。教師は子どもの成長を認め、認められていることを子どもに伝え、安心できる環境を提供することが大切です。

過敏に反応する要素をなるべく排除する工夫が必要。

ボリュームは小さく

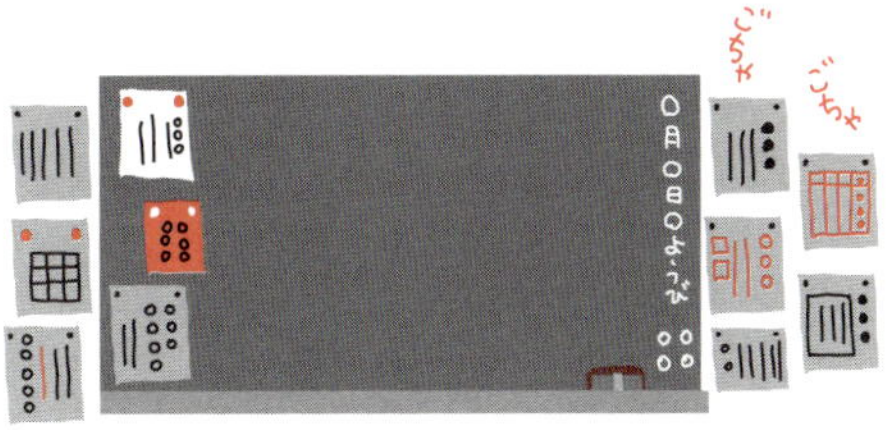
ごちゃ
ごちゃ
○月○日○ようび

3 感覚面の偏り

家庭 特定の感覚に敏感さがあると、入ってくる刺激の量を調整できずに集中できなくなってしまいます。みえる範囲を狭くして刺激を限定し、音量を調整したり、着ている洋服の素材を確認したりと、不快な感覚がないかを確認してみましょう。

学校 教室の黒板のまわりに掲示物が多すぎると、それが気になって黒板を集中してみることができなくなってしまいます。掲示物は教室のうしろの壁に掲示します。教室がうるさくないようにするのも大切で、別のクラスから聞こえてくる音への配慮も必要な場合があります。

叱るのは逆効果。いけない理由をきちんと伝えることが重要。

まだしたくができていないの?

テスト中

4 相手の気持ちを読み取りにくい

家庭 出かけるための準備を急いでいるのに、子どもはその状況を理解せずに好きな遊びをしてしまい、準備を集中しておこなえないことがあります。このときに「早くしなさい！」と叱るのではなく、どうして急ぐ必要があるのかをしっかりと伝えます。親の都合で急がせていることが多いので、時間の余裕を持って準備できる環境を整えることも大切です。

学校 集中すべき場面なのに、その状況がわからずにふざけてしまうことがあります。例えば、テストのときに歌を歌ってしまう子どもに対して、叱るだけではなく、テストのときに歌ってよいかの確認をしてみます。子どもは「いけない」と答えられることが多いのですが、理由がわからない場合があるので、ただ禁止するのではなく、その理由について一緒に考えていくとよいでしょう。

㉖ 発表

気になる言動

答えがわかっていても
恥ずかしがって発表できない

答えがわからなくても
何でも手を挙げる

皆がわかるような話をすることができず、
周囲に笑われてしまう

確認

- □ 発表して嫌な思いをしたことはありませんか。
- □ 自分の意見を持ち、それを人に伝えられますか。
- □ 失敗を恐れずに取り組めますか。

授業などの発表の場面では、答えがわからなくて発表できないだけではなく、わかっていても恥ずかしかったり、答えが間違っていたらどうしようと不安に思ったりして発表できないことがあります。また、発表しようとしても緊張して声がでなくなってしまう場合や、答えがわからないのに何でも手を挙げて発表しようとする子どももいるなど様々です。

発表することは、自分の意見を述べるだけでなく、自分の存在をアピールする機会でもあります。子どもによって発表が好きな子もいれば、嫌いな子もいます。また、集団のなかに入るとうまくできなかったり、逆にできたりもします。

発表場面の多くは集団のなかなので、基本的には緊張しやすい場面といえます。そのため、緊張しやすい子どもにとっては、とても大変な場面だということになります。緊張を少しでも減らすためには、発表の場を気心の知れた子どもたちで構成された小集団にしたり、子どもの得意分野について発表する機会を設けたり、間違えても大丈夫ということを伝えるなどの工夫が大切になってきます。発表して間違い、恥ずかしい思いをしてしまうと、次に発表をすることが嫌になってしまうのは当然です。

親は授業参観や発表会などには、「自分の子ど

ワンポイントアドバイス

自己アピールに反応せず、望ましい行動をほめる!!

●割り込んで答えてしまう子ども

ほかの人の発表のときに勝手に答えをいってしまうような場合は、いわないように事前に約束しておきます。もしそれでも勝手に答えてしまう場合には、その自己アピールに反応しないようにします。

そのような行動をする子どもは、普段から待つことが苦手な場合が多いので、発表以外の場面においても順番を守ることや友達に順番をゆずるようなことができるように促し、それらができたときに注目されるということがわかると、順番を守る行動やゆずる行動が強化され、ほめることでさらに定着していきます。

●家庭で話す時間を十分にとってみる

家庭では、子どもがじっくりと話せる時間をつくることが大切です。このような子どもは話すことが大好きなので、満足するまで聞いてあげる時間をつくってみましょう。

また、衝動的に反応して行動してしまう特徴を持っていることが多いため、ほかの人が発表している途中で割り込んだりするのもそのためです。まずは、人の話を聞く姿勢づくりを家庭で意識しておこなってみてはいかがでしょうか。

もが発表できるか?」「うまく答えられるか?」など期待と不安が入り交じった気持ちになるでしょう。その気持ちが強すぎると子どもに伝わり、プレッシャーになることもあります。子どもは期待に応えようとしますが、うまくできない場合には自尊心が育ちにくい状況になってしまいます。発表しやすい環境を整え、発表の内容だけではなく、発表できたことを認めるような対応が大切になってきます。

誤解!

発表の方法は口頭だけ?

発表できないことはいけないことではありません。例えば口頭でうまく発表できない場合、事前に録音しておいた音声を流す方法でおこなっても構いません。繰り返すうちに自ら話せるようになる子どももいます。また、パソコンのプレゼンテーションソフトを活用した発表でも構いません。

このように、口頭発表にこだわる必要はなく、発表できたという成功体験を経験することを優先して考える必要があります。

伝えたい気持ちの強い子どもには話す・発表する時間をきちんととる。

料理をつくっていて忙しいからあとで聞くね

ハイハイ

1 自分をコントロールする力が弱い

家庭 自分のいいたいことを伝えることで安心する子どもがいますが、あまりにも頻繁なために困る場合があります。忙しくしているときは適当に受け答えするよりも、例えば「今はご飯をつくっていて忙しいから、終わったら話そうね」と伝え、あとでしっかりと話を聞く時間をつくります。

学校 自分に注目してほしいために、わからなくてもとにかく発表したがる場合があります。当てられないと不機嫌になって不適応な行動がでるようであれば、当てる順番を決めてみます。

学校では気のあう者の小集団からはじめてみる。

今大丈夫かな?

ぼくの読んだ本は……

2 自尊心が育っていない

家庭 何かするたびに子どもは親の顔色をうかがっていませんか。そのようなときには、家で叱られすぎていたり、失敗を指摘される場合が多いことが予想されます。このような状況だと子どもは親に思ったことを素直に伝えにくくなるので、子どもが話してきたことを、まずは受け入れて共感することが大切です。ただ間違いを指摘するのではなく、まずは受け入れて、そのあとどうしたらうまくいくかを一緒に考えていくようにしましょう。

学校 発表内容に自信がない場合には、発表したくても発表することができません。指名された場合でも、わかっているにもかかわらずうまくいえないこともあるでしょう。まずは気のあう子ども同士の少人数のグループで発表する経験をさせてみましょう。参加する子どもたちには、発表内容をほめあうように約束しておくことも大切です。

うまく聞き取りができない子どもには、視覚的な工夫をする。

これは何だったっけ?

聞こえないよ……

3 感覚面の偏り

家庭 親子で話しあう場合には、テレビや音楽などを消して、子どもの近くで話すようにして聞き取りやすくします。苦手な音がある場合には、できるかぎり取り除いてあげるとよいでしょう。質問をうまく聞き取れない場合や理解しにくい場合には、実物や写真、イラストなどを利用したり、文字がわかる場合には小さなホワイトボードを用意して質問内容を掲示してみるのもよいでしょう。

学校 聴覚的な不注意さや過敏さがある場合には、質問がうまく聞き取れていないことがあります。質問が聞き取れないことで発表がうまくいかない場合は、黒板に質問内容を書くとよいでしょう。

物語の登場人物について話しあってみる。

魔女に会ったとき主人公はどう思ったのかな?

4 相手の気持ちを読み取りにくい

家庭 親子で今日あった出来事について話しあいます。そのときにどう感じたか、相手はどう思ったかなどを一緒に考えてみます。本を読み聞かせたり、子どもが読んだあとに、本に書かれていた内容について話しあい、登場人物のある場面の気持ちについて一緒に考えてみるのもよいでしょう。

学校 国語や道徳の授業にでてくる気持ちを読み取る問題などでは、相手の気持ちを読み取る力が弱い場合に発表することが難しくなります。まずは起こっている事実を確認させ、次に自分がその立場になったときにはどう感じるかを考えさせます。その感じた気持ちが相手の気持ちだということに気づかせていきます。

27 迷う

気になる言動

外出先でよく迷子になる

片づけが苦手

学校のなかで迷う

確認

- □ 忘れやすいですか。
- □ 整理整頓が苦手ですか。
- □ 図形を描くのが苦手ですか。

遊園地やデパートなどに行ったときに迷子になってしまうと、親子ともに非常に不安になってしまいます。その経験がトラウマとなった場合には、子どもは親から離れにくくなってしまうことがあります。親のほうも不安から一緒に出かける機会を減らしてしまう可能性があります。また、学校のなかでも普段あまり行くことのない場所や、複雑な経路になっている場合には迷ってしまうことがあります。大きな学校では特に迷路のようになっているところもあるので、迷いやすい環境だといえます。

迷うことの一つ目の理由は、「行き先を忘れてしまう」ことが考えられます。指示をしっかりと聞いていなかったり、記憶を保持しておくこと自体が未発達のときに忘れてしまいます。二つ目の理由としては、「経路がわからなくなってしまう」ことが考えられます。迷わないで行動できるために必要な大切な力は「空間認知能力」です。空間認知能力を必要とする課題は、例えばパズルや迷路、学習では算数の図形などがあり、生活のなかでは片づけがうまくできるために空間認知能力が必要になってきます。

したがって、迷いやすい子どもの多くは、これらの項目もうまくいっていない場合があります。迷わないようにするためには、この空間認

ワンポイント
アドバイス

迷子防止の道具を利用する

●住所や電話番号を記しておく

迷ったときに自分の住所や電話番号を伝えられるようにしておきましょう。三歳程度になれば自分の名前と年齢はいえるようになってきますが、住所や電話番号をいえるようになるにはそれよりも遅い四〜五歳程度になってからです。いえない場合には名札の裏や洋服の裏などに記入しておき、それをみせるように子どもに伝えておきます。個人情報の保護のために、すぐにみえないところに書いておくことも重要な配慮になります。

●GPSを利用する

別の方法としては、GPS機能のついた携帯電話などを利用する方法があります。契約すると、その端末を持った子どもの位置情報を親の携帯電話にメールなどで知らせてくれるサービスもあります。子ども用の携帯電話に親の番号を登録しておいて、一つボタンを押すだけで親にかかるような設定にしておくのもよいでしょう。また、子どもに発信器を持たせ、親が受信機を持ち、ある一定の距離を離れるとブザーが鳴って知らせてくれる道具もあります。場所や用途で迷子防止の道具を使い分けて使用すると有効だと思われます。

学校のなかの工夫としては、道路標識のように行き先をわかりやすく表示してもらうこともよいでしょう。また、行き先を書いたカードなどを持たせるのも有効です。

知能力自体を育てることに加えて、子どもの持つ別の能力で補うことでクリアしていくことができます。例えば、地図を読み取るなどの空間認知能力は低いですが言語性知能が保たれている場合には、文章で書かれた道順を読みながら目的地に向かうことができます。一人ひとりにあった方法での対応を考えていきましょう。

誤解!

誰でも迷うときはある?

迷わない人はいません。人はそれぞれの難易度があるので、むやみに注意したり叱ったりせずに、その原因を精査して、その子どもにあった対応方法で支援しましょう。

最近はナビゲーションシステムなどが発達して地図をみる機会も減ってきています。子どもと出かけるときにはあえて地図をみたりする経験をしてみるのもよいかもしれません。

学校では、口頭だけでなく行き先をどこかに明示しておくのが有効。

1 自分をコントロールする力が弱い

家庭 移動中に気になるものに反応して、そちらに気が散ってしまう子どもは、自分がこれから行くべきところを忘れてしまったり、目的と違うところに行ってしまうことがあります。子どもの興味関心が経路にあるかどうか確認しておき、関心のあるものがあって迷う場合には、経路を変更してみるなどの工夫が必要になります。

学校 どこに行くかの指示を口頭だけでおこなっている場合に、不注意さがあると目的地を聞き忘れてしまったり、聞き間違えたりしてしまう可能性があります。このような場合には、目的地を黒板などに書き出しておくことが有効です。

行き先を示したカードを持たせたり、友達に誘導してもらう。

2 自尊心が育っていない

家庭 自尊心が低いと何かにつけて自信がない状態に陥りやすく、自分の進む経路にも自信がなくなってしまうことが考えられます。行き先とその経路を絵だけではなく、文字でも示したカードをお守りがわりに持たせ、確認しながら行かせてあげると、安心して迷わずに行けるようになるでしょう。

学校 仲のよい友達に協力してもらいましょう。自信を持って行けるまでは、仲のよい友達につきそってもらいナビゲートしてもらうことで、次第に自信を持って行けるようになっていきます。はじめから自立をめざす必要はなく、困ったときには人に頼めるという力も重要です。

アスレチック的な遊びは有効。図形問題や粗大運動が苦手なことも多いが、丁寧な説明が大切。

ワイ
ワイ

図形
○月○日○ようび
立方体は……

3 感覚面の偏り

家庭 空間のなかでうまく体を動かせる力をつけるとよいでしょう。トンネルくぐりやジャングルジムなど、アスレチック的な遊びをたくさん取り入れます。家のなかではパズルや迷路遊びなど、難易度が低めのものからはじめることをおすすめします。

学校 図工や算数の図形問題などにも苦手意識を持っていることが多いので、その学習の際には丁寧に教えていく必要があります。体育で走ったりとんだりする粗大運動などが苦手な場合は、見本をみせるだけでなく、順番ごとに区切って言葉で丁寧に伝えるなど、言葉での手がかりのほうが有効な場合があります。こうした学習を経験することで迷いにくくなります。

待たされている人の気持ちを考えさせる機会を設ける。

心配したんだよ

この列の人たちは迷ってしまった人
ほかの人たちは目的地に着いた人として、それぞれ思うことを話してみよう

4 相手の気持ちを読み取りにくい

家庭 自分が寄り道したり勝手なところに行ってしまうことで、待っている人が困るということがわからない場合があります。自分が誰かを待っているときの気持ちについて一緒に考えてみましょう。寄り道して帰ってきたときにただ怒るのではなく、心配していたという気持ちを伝え、寄り道せずに迷わずに帰ってきたときにはほめてあげましょう。

学校 クラス全体で、人が迷ったときの当事者とまわりの人とを分けて、お互いの気持ちについて話しあってみるとよいでしょう。様々な人の意見を聞くことを通じて、人がどのように感じているかを学んでいくことができます。相手の立場に立って考えられるようになることで、迷わずに行けるように努力するようになります。

28

連絡事項の伝達

気になる言動

プリントを持ち帰らない

隠し事をしている

連絡帳の文字が
グチャグチャに記載されている

確認

- □ クリアファイルなどにプリントを入れられますか。
- □ 文字を上手に早く書けますか。
- □ 相手の話に注意を向けて聞いていますか。

　いつのものかわからない丸まったプリントがランドセルの底に入っていたときや、連絡を確認できずに学校に提出物をだせなかったときなど、親としてはつらく悲しい思いになります。小学校に入学するまでは、子どもが持ち帰ったプリントなどを親が確認することで連絡事項の確認ができますが、就学後には、次第に子ども自身が学校からの連絡事項を親に伝えることを求められるようになってきます。その方法もプリントだけでなく、連絡帳に自分で翌日の予定を記載するようになっていきます。学年が低いうちは一斉に記載し、担任が内容を確認してくれますが、学年があがると自主的に記載しなくてはならなくなる場合が一般的です。

　連絡事項が正しく伝達されずにいると、学校生活が円滑に過ごせなくなってしまうことがあります。**うまく伝達するためには、配布されたプリントを持ち帰る、連絡事項を連絡帳に記載してくる、覚えてくるなどが必要になってきます。聞き取って覚えてくる場合には、担任の話を注意して聞く力が必要になりますし、書かれている予定を書き写すには、読める文字を一般的な早さで書けることが求められます。**不器用さのために書くことに時間がかかると、書くことが面倒になり、しっかりと書いてこないことがあります。また、書いてきたとしても読めない文字であったり、部分的で必要な情報が抜けていることもあります。

さらに、連絡帳を持ち帰ったときにその内容を親に伝える必要があります。年齢があがってくると自分にとって都合の悪い内容や、親に申し訳ないと感じるような内容については隠そうとすることもあります。

ワンポイントアドバイス

デジタルカメラで撮影する方法も

●子どもから伝達できる工夫を

連絡事項があった場合には、それとなく促してみたり、思い出すヒントを伝えてみて、子どもから伝達できるような工夫をしてみます。そのような対応をしてでも伝達できた場合には、たくさんほめてあげましょう。子どもは次もほめられたいので、伝達するようになっていきます。連絡事項の伝達がうまくいかないときは、クラスメイトやその親に確認し、思い出すヒントとして利用してみましょう。

●デジタルカメラの活用も

子どもが連絡帳を書くのに時間がかかってしまうことで、いつも昼休みが遊べなくなってしまうような状況であったり、読めるような文字を書くことが難しい場合には、デジタルカメラやICレコーダーを利用する方法もあります。連絡事項を教師や本人が撮影したり、録音したりして、それを持ち帰ります。

学校でこのような機器を使うことに関しては担任と相談する必要がありますが、現在、このような方法を取り入れている子どもが増えてきています。こうした個別対応を「合理的配慮」といって、文部科学省ではそのような導入をすすめています。

誤解！

伝達できないのには理由がある？

ただ叱っても伝達できるようにはなりません。うまく伝達できない理由をよく考えてみましょう。そしてうまく伝達できたときにはたくさん注目してほめてあげましょう。そうすることで、自ら親に伝えようとするようになります。

今日は楽しかったかな?

帰ってきたらすぐに連絡帳を親に渡す習慣をつける。教師は連絡帳の中身を確認する。

ここは算数だよ

1 自分をコントロールする力が弱い

家庭 家に帰ってきたらすぐにプリントや連絡帳を親にみせる習慣をつけましょう。幼稚園などに通っている場合であれば、今日の出来事を聞いてあげることが大切です。その日の出来事を話すことで、知能の発達を促すことにもなります。子どもがうまく伝えられないときは、幼稚園などで何がおこなわれたのか、子どもはどのような様子だったかを連絡帳を使って担任とやりとりをしておき、その情報をもとに伝える練習をしていきます。

学校 連絡帳を書かなくてはいけない時間に、ほかの遊びをしてしまい、書き忘れてしまうことがあります。担任は連絡帳が書けているかを確認します。書けていない場合は居残りしてでも書かせるようにし、家に帰ってきて書けているときには子どもをほめてあげるように、親に伝えておきます。

それからどうしたの?

連絡帳の確認は友達同士でも可能。

あってるあってる
れんらく帳
れんらく帳

2 自尊心が育っていない

家庭 連絡事項を伝えることで叱られるのではないかと心配している場合には、うまく伝えられなくなってしまいます。子どもが学校での出来事などを安心して話せ、じっくり聞いてあげる時間を用意しましょう。

学校 書くことに自信がない場合には、書かないですませていることがあります。また、忘れ物が多い場合には、覚え切れていない可能性があります。このような場合には、大切な内容だけでも担任が確認するか、友達同士で確認しあうような決まりをつくり、おこなわせることが必要になります。

プリントをたたむ練習にはタオルたたみや折り紙が効果的。ランドセルにしまうときはファイルを活用する。

角は片方をあわせて

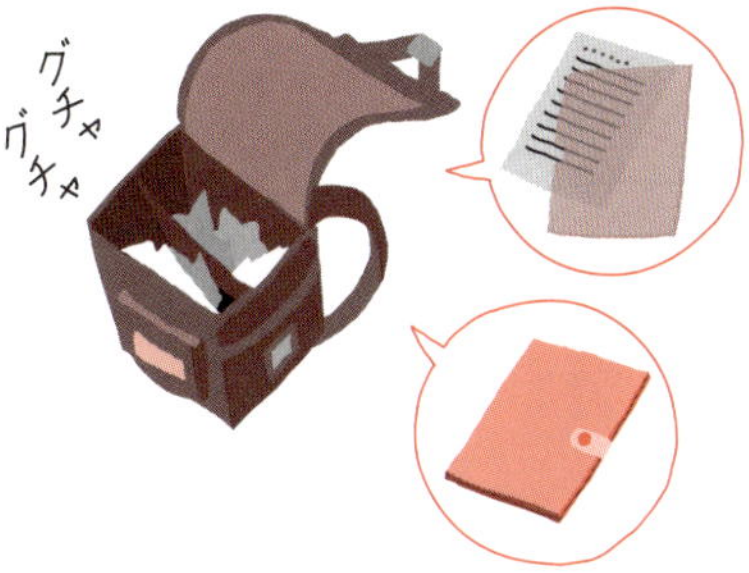
グチャグチャ

3 感覚面の偏り

家庭 タオルをたたむ手伝いをさせたり、折り紙を折るなどの遊びを取り入れてみましょう。色紙などもあえてクリアファイルに入れておき、そこから出し入れをするようにしてみます。紙を二つに折るときのポイントは、二つの角を同時にあわせるのではなく、片方だけしっかりとあわせて固定することを教えます。その一点がずれなければうまく折ることができるようになります。うまく折れるようになると、大きめのプリントを持ち帰ることがうまくなります。

学校 不器用さがあったり、整理整頓が難しい場合に、プリントをランドセルの底に入れてしまうなどして、親に渡し忘れることがあります。プリントを入れるファイルやケースを用意して、それに入れて持ち帰るようにしてみましょう。

伝えられたことをほめてあげることで、次につながっていく。

明日は〇〇するのね。よくお話できたね
明日は…

忘れ物をするとお母さんはどう思うかな?

4 相手の気持ちを読み取りにくい

家庭 連絡事項を伝えてくれるとうれしいことを伝えてみましょう。少しでも伝えられたときには、大げさに喜んでほめてあげましょう。相手が喜んでくれることでうまく伝達しようという気持ちになります。

学校 連絡事項を伝える意味や、伝えられなかった場合にどのようなことが起こってしまうかなどを教師と子どもで話しあってみます。連絡がうまく伝わらないと親がどのような気持ちになるかも考えていきます。相手の気持ちを読み取りにくい子どもは、「連絡を忘れると叱られる」という理解だけしかしていない場合があります。なぜ親が怒るのかを一緒に考えていくことが大切です。

29

相手の目をみる

気になる言動

話をしているときに相手の目をみていない

自分から話しかけているのに
よそ見をしている

怒られているのに横をみている

確認

- □ 視線があうことは少ないですか。
- □ 人の輪のなかに入るのは苦手ですか。
- □ 人と話をするのは苦手ですか。

話を聞くときや話すときは相手のほうをみる、または相手の目をみることがマナーだといわれています。

子どもが悪いことをしたときに、注意している大人の目をみないという例がよくみられますが、これは、「怒られたくない」、「もう聞きたくない」という反応の表れだとわかります。ですから、子どもがそういう態度をすると大人は非常に腹立たしくなります。

一方、友達が話しかけても返事だけして相手のほうをみない、先生が質問をしても目をみないで答える、といったように視線のあわない子どもがいます。人は、生まれつき何かに注意を向けているときは自然にそのものや人をみるようになっていますので、話は聞いているようだが視線があわないと、熱心に話を聞いていないと思われてしまったり、相手が不愉快な気分になってしまったりします。**視線があわない原因としては、人と接することに不安が強かったり、視線に恐怖を感じるという場合があります。**

人とのコミュニケーションにおいては、人の話の内容を聞いていればよい、答えればよいというわけではなく、相手へ接する態度も大切になります。相手の目をみるということは、「あなたの話を聞いてますよ」、「私の話を聞いてく

ワンポイントアドバイス

他者から誤解を受けないように

●あいさつなどわかりやすいものから

視線はどのくらいあえば適切なのか、指導するほうも指標を提示することは大変難しいところです。また、かかわる相手よって不快に感じたりあまり気にならなかったり、人によって評価もまちまちです。

まずは、目をみて相手と話をしたり、話を聞いたりしているときには相手のほうをみることを本人と確認しましょう。あいさつなどわかりやすいものからはじめてみるのもよいでしょう。

●自分では気づかない

自分が目をみて話をしていない、話を聞いていないということは、実際にそうした行動を自分の目で確認できないので、他者からの指摘がないと気づかないことも多いものです。そこで、自分の特徴を確認するためにビデオにとって振り返ってみるのもよいかと思います。

目をあわせづらいために他者から誤解を受けそうなほどの特徴がある場合は、他者から強く批判されたり馬鹿にされたりすることがないようにしなければいけません。

新しい環境で初対面の人たちと生活する場合は、以前からかかわりのある大人が、人と目をあわせることや人に注意を向けることが苦手などの情報を周囲に伝えておくことが必要です。

ださい」というサインになります。しかし、相手の目をじっとみすぎると、それはそれで相手に威圧感を与えてしまいますし、本人も疲れるでしょう。

コミュニケーションが十分とれているのであれば、まずはときどき目をあわせる程度でもよしとしましょう。

誤解！ 関心がないから？

すべてが、その人の話に関心がない、話をしたくないというわけではありません。目があわないからといって、強く叱ったりするのは絶対にやめましょう。

視線があわない特徴を持つ障害として、広汎性発達障害（自閉症スペクトラムの一つ）という障害があります。視線があわないこと以外に、例えば、一つのことにこだわり日常生活に支障をきたす、年齢にあった話し言葉の獲得がなされていないために人とのやりとりが難しいといった行動の問題がみられる場合には、一度専門機関を受診することをおすすめします。

学校では本人が表情や目線で合図を送る場面設定を。

にらめっこ
しましょ
アップップ
にらめっこ
しましょう
アップップ……

声をださないで
パスが何回
続くかな?

1 自分をコントロールする力が弱い

家庭 本人が相手の目をみていないことに気づいていないかもしれません。話をするときや聞くときは相手の目や顔をみることをきちんと伝えましょう。家庭ではにらめっこなどの遊びを通じて目をあわせる練習をしてもよいでしょう。

学校 教師も家庭と同様に、「目をみて話をする、話を聞く」と伝え、その努力をするような機会を設定しましょう。話をするときに限らず、相手の表情をよくみて行動したり、自分も表情や目線で合図を送ることを伴うような活動をクラスメイトとともにおこなえる場面づくりもよいでしょう。

人の反応が気になって目をみない場合もあるので、否定するのは避ける。

うんうん。
それで
どうしたの……

2 自尊心が育っていない

家庭 家庭では人の目をみなくてもよいということにすると、安心できたりします。また話すときに相手の目をみられないのは、相手の反応を気にしすぎてしまってできない場合があります。そこで話し方や内容について強く否定せずに、受け止めながらアドバイスし、うまく話せたり理解しやすかったときにはほめたりして、話すことに自信をつけさせます。

学校 本人が相手の目をみないことで、クラスメイトが冷やかしたり、わざと顔をのぞき込んだりすることがないように注意しましょう。話すことが苦手な場合は、まず、うまく話せたという経験が必要です。日常会話では難しいですが、発表など話す内容が決まっていることであれば、話すことを事前に紙に書いてそれをみながら話をする機会を設けてみましょう。

苦手な集団行動を避けるために視線をあわせないこともある。

3 感覚面の偏り

家庭 学校

人が近くにいることが嫌いであったり、騒がしい場所が嫌で、それを避けるために視線があわない場合もあります。静かな場所で少人数の環境であれば、落ち着くことによって視線をあわせやすくなるかもしれません。しかし、視線をあわせることや人と接することに強い恐怖心を示す場合は、無理強いするのはやめましょう。信頼関係のとれている友人や教師などと、慣れた場所や場面から少しずつ、無理なく取り組んでいく必要があります。

イラストなどを使って、今、相手がどう思っているか気づく力を養う。

4 相手の気持ちを読み取りにくい

家庭 表情をみないと相手がどう思っているか理解しづらくなることを、イラストなどを使って一緒に考えてみましょう。また、表情からどのように思っているのかを言葉で表現してみるのもよいでしょう。

学校 話をするときや聞くときは、相手の目や顔をみると「きちんと聞いています」、「しっかり聞いてください」というサインになり、そうしないと相手に「聞きたくない、話したくない」と誤解されてしまい、相手は嫌な気分になることをきちんと伝えましょう。また実際の場面でも、少しでもみた場合は「みてくれてよかったよ」とうれしい気持ちを伝え、みなかった場合はそれを強く指摘するのではなく、「ちょっとでも目をみたほうがいいと思う」とすぐにフィードバックをしてあげましょう。

30

同じことを繰り返す

気になる言動

注意が移りやすい

人とのかかわりを期待して
わざと注意されることをする

確認

- □ 集中力を持続させて、じっと座っていることができますか。
- □ 注意をするとうれしそうにする様子がみられますか。
- □ こだわりがありますか。

注意しても子どもが何度も同じことを繰り返すと、養育や教育において大人は非常に手を焼きます。特に集団行動をじゃまするような行為、他者に迷惑や危害を加えてしまう行為、本人にとって危険な行為は注意しないわけにはいきません。およそ一歳半には、「ダメ」というとかえってふざけてやるといった様子もみられますが、年齢があがるにしたがって、ものごとの善し悪しを記憶して行動できるようになります。およそ六歳半にはいたずらをして叱られると、次からやらなくなります。

しかし、注意したときは「ごめんなさい」といっても、あっという間にまた同じことを繰り返してしまう子どもがいます。このような子どもは、基本的に自分をコントロールする力が弱いことが挙げられます。例えば、「授業中、教室から勝手に出ていってはいけない」と何度注意されても出ていってしまう子どもの場合、授業がよくわからない、教室の外の様子が気になる、ほかに楽しい場所があるといった理由が考えられます。またその行為をすることによって、本人が快い刺激、よい状況を得ている可能性もあります。例えば、先生が追いかけてくる（かまってくれる）など、人とのかかわりを期待しておこなっている場合などです。

ワンポイントアドバイス

子どもの行動をよく観察し、活動の工夫を!!

楽しいから続けてしまう

何度も同じことを繰り返すのはなぜなのか、子どもの行動をよく観察し、理由を明らかにしなければ、間違った対応により繰り返す行動を助長する可能性があります。

子どもだけなく大人もおもしろくないこと、嫌なことは自らすすんで繰り返しおこないません。それが子どもにとって何かいいこと、気持ちよいこと（楽しいこと）につながるからこそ、おこなっているのです。

それを制限するとかえってより繰り返したりすることもあるので、時間を決める、回数を決めるなどして欲求をある程度満たしてから、元の活動に戻るようにしてみましょう。

ルールを決める

がまんを身につける方法の一つに、ルールを決めてそれを守ればメリットがあり、守らなければデメリットが生じるような環境を設定することがあります。例えば食事中に席を立つ、集中して食べないようなときには、予め食事時間を決めておき、時間が過ぎたら、食事中であってもさげてしまいます。ぐずっても、次の食事時間まではおやつやジュースを与えてはいけません。お腹がすいているので、次の食事は集中して食べるようになります。時間を知らせるためにキッチンタイマーなどを活用してもよいでしょう。

また、同じことを繰り返す行動の原因として、活動内容が本人の苦手なことや理解できない内容ではないかを確認し、そのような場合は活動を見直します。

どうしてそういった行動を繰り返すのか、理由は一人ひとり違います。そこで、子どもの行動をよく観察する必要があります。

誤解!

規制するだけでは解決しない

何度も繰り返しおこなう行動は、本人以外の人がその行動で非常に迷惑を被ってしまう場合と、本人の発達が停滞しているのではないかと親が心配になる場合があります。

どちらも、規制する・叱ることでその場は行動をやめますが、かえって繰り返す回数が多くなってしまうこともあります。

いずれも子ども自身が一番困ることになるので、家庭と学校が連携して対応していく必要があります。

ブ〜〜
ブ〜〜

さみしさのサインかもしれないので、親子がふれあう機会を増やす。

出ていきたくなったら手を挙げましょう

1 自分をコントロールする力が弱い

家庭　家庭は子どもが「ほっとする場」であることが大切です。危険を伴わなければ時間を決めておこなわせ、ある程度の欲求を満たしてあげましょう。それが、「ほかのことは我慢しよう」という自己コントロールにつながる可能性があります。気を引くために同じ行動を繰り返している場合は、親へのかまってほしいという合図かもしれません。一緒に遊ぶことや話す機会をつくってみましょう。

学校　繰り返される行動の前後の状況をよく観察しましょう。その状況をかえることで行動が変化することもあります。また、よくない行動は即座に注意しましょう。子どもがとるべき行動を文字に書いて子どもの目につきやすいところに設けると、行動を抑制できることがあります。がまんできたときはたくさんほめてあげましょう。

上手にできたね
ゴミ

新しい課題に対する不安から同じことを繰り返すことも。成功体験を増やしたり、友達と一緒に取り組むのもよい。

2 自尊心が育っていない

家庭　新しい課題に取り組むのが不安なため、いつもと同じ行動をすることで安心感を得ている可能性があります。家庭でできるお手伝いを大人が一緒におこない、成功体験を多くするとともに、その場でその行為をきちんとほめるようにしましょう。

学校　課題が理解しづらかったり、はじめての活動だったりすると、不安になり、いつもやっていることに逃げてしまう場合があります。できそうなことをクラスメイトと一緒に取り組ませたり、教師も一緒におこなうことで安心感を与えましょう。取り組んだ姿勢に対し、終了したらきちんとほめてあげましょう。

繰り返す行動がでるときの状況に共通点がないかを探し、あれば取り除く。

3 感覚面の偏り

家庭 揺れる感覚やスピード感などを非常に好む子どもは、行動を繰り返すことによってその感覚を得ている場合があります。家庭では学校よりもある程度自由にできる部分があるので、公園やアスレチックなどで遊ぶ機会を提供し、満足する機会を設けてみましょう。そうすることで、家庭だけでなく学校でも落ち着いて行動できることがあります。

学校 聴覚や触覚の過敏さが原因で、その場の環境から逃れるために、同じ行動を繰り返すことがあります。お友達との距離が近い、教室がうるさいなど、繰り返す行動が起こる状況に共通点はないでしょうか。行動を繰り返す原因を明らかにし、子どもの行動を制限するのではなく、環境をかえることを検討します。

相手がどう思うか絵に描いて説明したり、一緒に考える時間をつくるとよい。

○○ちゃんはどう思うかな？
これはダメよ。なぜならね……

4 相手の気持ちを読み取りにくい

家庭 クラスメイトに迷惑をかけてしまう行動を繰り返しおこなってしまう場合は、「やってはだめ」と叱るだけでなく、「相手の子どもがどう思うか、そしてどのように行動したらよいか」を子どもと一緒に考えます。絵に描いて確認するのもよいでしょう。

学校 自分の行動により、ほかの人に迷惑をかけていることに気づいていない場合があります。そういう行動をしてしまったときは、その場で注意することが必要です。しかし、ただ行動を規制したり叱ったりするのではなく、相手がどう思うか、そして自分がどのように行動したらよいかを考える時間をとり、一緒に考えてみましょう。

31

しゃべらない（かん黙）

気になる言動

友達に話しかけられても
恥ずかしそうに下を向いている

家庭では普通に話すが
学校では話せない

確認

- □ 話を理解していますか。
- □ 家庭でも学校でも話をしていますか。
- □ 緊張しやすいですか。

子どもは保育園・幼稚園や学校であったこと、友達のことなどを家に帰ってから食事やお風呂のときに親に報告することが多いです。親も自分がその場にいないときのことを子どもから聞けると、非常に安心できます。

言葉で自分の気持ちや状況を伝えられる二歳以降は、コミュニケーションの手段として主に言葉を使用するようになります。幼児期では、人見知りの強い子や恥ずかしがり屋の子は話をするのを嫌がったり避けたりしますが、学齢期になるとかなり改善され、数か月で人やものに慣れて、そうした様子はみられなくなります。

子どもは成長とともに、集団生活のなかで教師やクラスメイトと会話をする場面が多くなります。自分から積極的に話をしないまでも、他者からの問いには応答する必要があります。しかし、何も報告してくれなかったり、聞いても黙ったままであると、かかわる相手はとても不安になります。そうしたなかには、**学齢期になっても話すことに自信がなく、緊張してしまってなるべく話をしないように自分でブレーキをかけてしまう場合**や、**相手のいったことがよく理解できないなど言葉の発達に問題を持つ場合**があります。

また、言葉の理解はできているのに、はっき

ワンポイントアドバイス

環境と状況をしっかり把握する

原因を明らかにする

子どもが環境の変化に関係なく黙り込んでしまうのか、それとも家庭以外の場所すべてにおいてか、それとも学校だけなのかを把握することが非常に大切です。話せるのに話さないのか、うまく話せないのか、言葉の発達が遅れているのかなどを把握しておく必要があります。

学齢期になり新しい環境に慣れたあとも、学校でまったく話をしないようであれば、一度専門機関を受診してみたほうがよいでしょう。学齢期になると、話をしないことで友達から馬鹿にされたり、いじめの対象になったりするので、周囲の子どもたちにも説明し、理解してもらうことが重要になります。

学習面の保証も

また、話をしないことは人とのかかわりだけでなく、学習面にも影響することがあります。学習の遅れやつまずきがあると、ますます自尊心が低くなってしまいます。

学習面の保証については、学校と家庭と連携しておこなっていく必要があります。

りとした言葉による反応がない状態にあることを「かん黙」といいます。家庭などでは普通に話しますが、一部の生活場面、主に学校などの家庭的でない場所では話さない・話せない状態が長く続く「場面かん黙」という状態もあります。そのような症状がある場合は早期に何らかのかかわりをおこなったほうがよいでしょう。場合によっては、不適切なかかわりによってもっと話さなくなることもあるようですので、適切な対応の仕方を知り、家庭でも学校でも適切に対応する必要があります。

誤解！ 無理強いは効果なし

話をしないからといって、無理やり話をさせる状況をつくり、声にだして話すことを強要してはいけません。また、声にだしていわないことを叱ってもいけません。

もしかん黙という状態であれば、早期に適切なかかわりかたを家庭と学校が共通に理解しておこなっていくことが必要です。一番困っているのは子どもですので、親が早期に対応してあげなければなりません。

まずは家庭と学校の状況を把握する。学校では答え方の工夫も大切。

学校ではあまりお話しないの?

今日は自分の考えを紙に書いてみましょう

1 自分をコントロールする力が弱い

家庭 家庭と学校の状況の違いをきちんと把握しましょう。家庭でたくさん話すのであれば、学校であまり話していない理由を聞いてみましょう。そのことについて怒るのではなく、子どもがどう思っているか、どうしたいのかを把握しましょう。

学校 家庭での様子を把握しておきましょう。話をしないからといって、子どもの発表の順番を抜かしたり、質問を省いたりするのはやめましょう。声にだしていえない場合は、「はい」、「いいえ」で答えることのできる質問形式にかえたり、本人だけでなく皆に紙に書いて意見や回答を提出してもらい、教師やグループの代表が発表する形式をとってみるとよいです。

話すことを強制しないで気長に待つ。表情やジェスチャーも大切な伝達行為。

学校で楽しいことって何かな?

そっか、嫌なんだね

2 自尊心が育っていない

家庭 子どもの失敗を叱りすぎたり、やることを何でも指示しすぎたりしていませんか。自分のすることに自信が持てなくなると、人の反応を気にしすぎて消極的になります。まずは受け入れ、押しつけるのではなく、「ゆっくりと話をする」、「話を聞く」時間をとってあげることが大切です。

学校 自分に自信がないと、人前で話すことはかなりストレスを抱える場面となります。その子どものためにあえて話をする機会を与えるなどの特別な扱いは、かえって本人を傷つけてしまいます。表情やジェスチャーも本人の意思表示です。自分から声をだして話をするのを気長に待ってあげましょう。

リラックスできる場面をたくさんつくることが、話すことにつながることも。

3 感覚面の偏り

家庭 話をするには、感覚面として”耳の聞こえ“が大切であり、聞こえているということが重要です。なかには、耳の聞こえ以外の感覚面の偏りが、話すという行為に直接影響を与えている場合もあります。リラックスすると話し出すこともありますので、皆と体を動かしたり、静かに座ってお絵かきをするなど、その子どもがリラックスできる状況を把握して、学校に情報提供するとよいでしょう。

学校 家庭からの情報や教室での様子から、感覚に偏りや好む感覚がないかを確かめておきます。好む感覚が入った活動を休み時間、空き時間に数人の子どもたちとおこなう場面を設定して、楽しい雰囲気で遊びを展開してみましょう。リラックスすると、言葉がでてくる場合もあります。

本人も悩んでいる場合が多い。過度な期待は逆効果。

4 相手の気持ちを読み取りにくい

家庭 親の期待や希望を感じていないわけでなく、わかっていても行動に起こせない場合が多いものです。過度な期待はかえって本人にストレスを与えますのでやめましょう。

学校 教師が自分を受け入れ、自分の気持ちを理解してくれる信頼できる人であると子どもが感じる経験が大切になります。例えば本人の好きな遊びや活動を教師も一緒に行うことで、言葉でなくても表情、ジェスチャー、うなずきや首振りといった動作でそのときの気持ちを交流できるようにします。

32

暴言・暴力

気になる言動

暴言を吐く

要求を暴力で解決しようとする

すぐにカッとなって暴力をふるう

確認

- □ 自分の要求を言葉で相手に伝えることはできますか。
- □ 同年代よりも年下と遊ぶことが多いですか。
- □ 興奮しやすいですか。
- □ 冗談が通じますか。

自分の要求を満たそうとするとき、一歳半くらいまでの子どもはほしいものをほかの子どもから奪い取ったり、髪の毛を引っ張って取り返したりなど乱暴な行動にでることがあります。しかし、二歳くらいになるとがまんすることができるようになり、やってはいけないことをしなくなり、乱暴な行動は減ってきます。また、子どもは言葉の発達とともに、相手に対して言葉を用いて交渉したり、理由を説明し、受け入れてもらえるような接し方をします。

三歳以降になってもすぐに暴力をふるってしまう場合は、自分をコントロールする力が弱いこと、すなわち統制力の未熟さが考えられます。また、言葉でのやりとりが苦手で、自分の要求を相手に伝えることができない可能性もあります。そうした子どものなかには、自分の要求が通りやすい、自分よりも年下の子どもと遊んだり行動したりする傾向がみられます。

ほかにも暴言を吐いたり暴力をふるう理由として、相手の冗談を真に受けて興奮したり、注目されたくておこなっている場合や、自分の不利な状況を回避するためにおこなっている場合もあります。

いずれにしても、人とのかかわり方を間違って学習しており、正しいかかわり方を教えてい

く必要があります。悪いことだとわかっていても衝動的に暴言を吐いたり暴力をふるってしまう場合もありますので、そのようなときは、そうした行動になる前に、自分をコントロールする方法を教えておくことが大切です。

なかには、力のコントロールが苦手で手加減がわからずに、相手にとっては暴力と受けとられてしまうこともあります。またもしかしたら、相手の子どものほうが暴力をふるわせるきっかけをつくっているのかもしれません。**状況をよく観察し、原因を明らかにする必要があります。**

ワンポイントアドバイス

暴言・暴力の理由を明らかにする

自分では気づいていないことも

暴言や暴力はよくないことだとわかっていても、感情が高まると、ついそうなってしまうことが多いようです。気がつかないうちに暴言を吐いてしまうことが多いので、ただ叱るのではなく、カードやジェスチャーを使って自分が今、暴言をいっていることに気づかせてあげて、行動を修正できるように促してあげましょう。うまくできたときはたくさんほめてあげましょう。

原因を明らかにする

子どもが友達に対して暴言を吐いたり、暴力をふるうのには必ず理由があります。しかし、その原因も明らかにせず暴言を吐いたり暴力をふるう子どものほうを叱っては、大人との信頼関係が成立しません。子どもにとって自分のことを認めてくれる人がいることによって、行動が少しずつ変化していきます。

誤解！

暴言・暴力で困っているのは誰？

暴言・暴力への対応は、対応する大人も感情的になりやすいですが、冷静になることが大切です。暴言・暴力は子どもが困っているサインだと思い、困っている原因を明らかにして、それを解決するような対応をしましょう。何に困っているかがわかれば、暴言を吐いたり、暴力ふるう状況が予測でき、行動にでる前に対応することができるかもしれません。

相手にどう伝えればよいか、衝動に駆られたときはどうするかを示す。

1 自分をコントロールする力が弱い

家庭 暴言・暴力はよくないことですが、原因も聞かずに叱るのはよくありません。なぜそういう行動にでてしまったのか、本人によく聞いてみましょう。うまく自分の気持ちを表現できないのかもしれないので、どう相手に伝えたらよいかモデルを示してあげましょう。

学校 暴言・暴力になりそうなモヤモヤした気持ちになったときは、どう行動したらよいかを事前に子どもと話しあって決めておき、例えば、教室のみやすいところに「イライラしたら手を挙げて先生にいいましょう」などと手がかりを貼っておきましょう。そして冷静になる場所と時間を提供してあげましょう。

失敗もあることを伝える。課題や活動のレベルを調整してみる。

2 自尊心が育っていない

家庭 うまくできないことや失敗したことを強く叱責すると自信をなくして、やらなくてすむ方法を身につけてしまいます。失敗してもよいことを伝え、周囲の大人は失敗ではなく苦手なことに取り組んだことに注目するようにします。少しでも取り組めたときにはたくさんほめます。認められることで自信がついていきます。

学校 課題や活動をうまくおこなう自信がないために暴言を吐いたり、暴力をふるうことで、活動を回避しようとしている可能性があります。本人の能力に活動のレベルがあっているか確認し、調整して提供してみましょう。少しでもうまくできたときはきちんとほめてあげましょう。

軽く触れたのを叩かれたと誤解して反応してしまう子どももいる。

診察室
オギャー

○○君は
触られるのが苦手だから
声をかけて振り向いたら
話をしようね

3 感覚面の偏り

家庭 触られることや人混みのなかにいることを嫌がる触覚の過敏さを持つ子ども、騒がしいところや甲高い声に嫌悪感を示す聴覚的な偏りを持つ子どもがいます。外出時などは苦手な感覚にさらされる状況になりやすいので、事前に本人に話をしておく必要があります。また、学校にも苦手な感覚について知らせておく必要があります。

学校 触られることに敏感さがあると、人が優しく触れたのを叩かれたと誤解してしまい、暴力をふるってしまうことがあります。お互いの気持ちを教師が仲介して伝え、誤解を解くとともに、「触られるのが苦手なので、まず声をかけて振り向いてから話しかけましょう」と、クラスメイトにも接し方を説明しましょう。

親は自分自身の行動も振り返ってみる。暴力以外の手段で伝える方法を一緒に考えよう。

てめー、
いい加減にしろ！

相手に嫌だから
やめてと伝えたいときに、
どういう態度で
示しますか？

4 相手の気持ちを読み取りにくい

家庭 暴言や暴力を使うと相手がどんな気持ちになるのか、カードや写真などを使って説明しましょう。子どものやったことに対し、親が怒鳴ったり叩いたりしていないでしょうか。子どもは成長とともに、自分がされたことを相手（他者）にするようになっていきます。

学校 暴言や暴力で相手がどんな気持ちになるのか、また暴言・暴力ではなくどういう言葉や態度で自分の気持ちを伝えたらよいか、適切な行動を示します。暴言や暴力によって友達が離れていってしまうことも伝えていく必要があります。暴言や暴力をふるいたくなったときには、例えば「深呼吸を三回する」、「担任教師に伝える」などの対応策を具体的に子どもと決めておきましょう。

33

ルールが守れない

気になる言動

自分のやりたいことを譲らない
ゲームのルールを守らない
並んでいるところに横入りをする

確認

- □ 自分の好きなことをひたすら続ける傾向がありますか。
- □ 表情で相手の気持ちを読み取れますか。
- □ 勝負へのこだわりが強くありませんか。

集団生活をおこなう三、四歳の時期になると、ゲームや競技にはルールがあり、それを守って活動しなければいけないことを理解し、行動するようになります。およそ三歳半にはかくれんぼでみつからないように隠れたり、ブランコやすべり台の順番を待てるようになったりします。およそ五歳では鬼ごっこのルールを理解し、およそ六歳で簡単なトランプゲームができるようになったりします。

しかし、ルールを守ることができない子どももいます。例えば、並んでいる友達を無視してすべり台をすべったり、ブランコは十回乗ったら交代なのにずっと乗っていたりします。トランプでは勝手にカードをみてしまったり、人のカードをかえてしまったりしてゲームが成り立ちません。こうした行動をとり続けると、まわりの子どもたちはその子どもと一緒に遊ぶことを避けるようになります。

これらは、自分をコントロールする力が弱いために自分のやりたいことをがまんできないこと、そして自分の行動によって相手がどのように思うのかを理解できないために起こっていると考えられます。また、勝敗のあるゲームなどでは、自分が負けるのを嫌がって勝手にルールをかえてしまっている可能性があります。周囲の大人も、子どもがうまくできたときや勝ったときだけ認めるようなかかわりをしていると、ルールを破ってでも勝つことにこだわったりしかねません。

いずれにしても、周囲の子どもたちの迷惑になりますし、一緒に遊ぶ機会をなくしてしまうことになりますので、ルールの理解を促していく必要があります。

ワンポイント
アドバイス

ルールが発達レベルにあっているかを見直して!!

●ルールが理解できていますか

遊びや競技のルールが守れない理由は、これまで述べてきたもののほかに、ルールが理解できなかったり、覚えていられないことも考えられます。

子ども自身の理解力の問題が考えられる場合には、例えば、言葉だけで説明せずに図や絵に描いたり、映像をみせるなど視覚的な提示も入れて、子どもの理解しやすい方法で説明する工夫をおこなってみましょう。

ルールが複雑でその子どもの発達レベルにあっていないことが影響している場合には、課題を見直す必要があります。

●教えるときは少しずつ

一度にたくさんのことを説明しても覚えられない場合があります。遊びや競技をおこなう際に、最初は守るべきルールを一つにし、徐々にルールを増やしていくなど段階をつけ、覚えられる量だけ少しずつ理解を促していきましょう。

誤解!

ルールを教えればすぐにかかわる?

遊びや競技のルールが守れないことは、遊ぶ相手に不快な思いを与えてしまいます。子どもは怒られたり、一緒に遊ぶことを避けられたりして、結局子ども自身が一番困る状態になります。

次頁に示したサポート法でかかわってもなかなか行動が変化しなかったり、一緒にいる人や状況によって守れない場合があります。時間がかかることを覚悟して、大人は根気強くかかわっていく必要があります。

ルールを忘れてしまう子どももいるので、常に確認して気づかせてあげるとスムーズに行動できることも。

ゲームは負けることもあるのよ
皆、ルールは覚えてるかな？

1 自分をコントロールする力が弱い

家庭 遊びやゲームにはルールがあり、それを守らなくてはいけないことを、はじめる前に確認するようにしましょう。「ゲームは負けることもある」、「競技では失敗することもある」ことを伝え、見通しを持たせてから、活動に取り組ませましょう。

学校 ルールを破る前に、ルールを思い出すきっかけをつくってあげましょう。例えば、はじめる前にゲームや遊びでの約束を皆で確認する、ルールを視覚的に確認しやすいものにする、教師が一声かけて気づかせるということも必要です。守れたときはたくさんほめてあげましょう。

負ける経験も大切。学校では勝ち負けがストレスになることもあるので、内容を工夫する。

くやしかったね。でもルールを守れたからえらいね

何秒で入れられるかな？

2 自尊心が育っていない

家庭 自尊心が高いと勝ち負けにこだわったり、勝手にルールをかえたりします。家庭では子どものいいなりになりがちですが、ルールを守り負ける経験もさせましょう。くやしがる態度は笑ったりせずに受け止め、ルールが守れたことをほめてあげましょう。

学校 自尊心が高い場合だけでなく低い場合でも、自信がなくなりゲームを途中で放棄し、結局ルールが守れないことになってしまうことがあります。特に勝敗がかかわるゲームや競技はそのような子どもにはストレスになりますので、ゲームの内容を工夫します。例えば、グループで協力しておこなうことで成功を経験できるようにするなどし、最後までできたときにはほめてあげましょう。

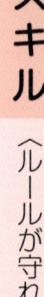

3 感覚面の偏り

家庭 苦手な感覚があると勝手にルールをかえてしまったり、途中で放棄してルールを守れなくなるときがあります。普段の様子からそうした特徴はないか、またどのような感覚が苦手なのか確認し、学校に伝えておきましょう。子ども自身にも苦手なことを大人に伝えることができるように話をしましょう。

学校 苦手な感覚を避けようとしてルールを勝手にかえたり、守れない場合があります。そうした場合はその感覚を無理にさせようとするようなことは避け、ゲームの一部を違うものにかえるなど、柔軟な対応をしてあげましょう。

高いところは怖くて苦手です

本人の苦手な感覚に応じて課題の内容をかえる。本人自身が申告できるようにするのも大切。

高いところが苦手な人はこの線の上を落ちないように渡りましょう

4 相手の気持ちを読み取りにくい

家庭 ルールを守らずゲームをしたときには、親や兄弟も「一緒にやりたくないと思った」など、どう思ったかを本人に伝えましょう。また、守れて遊べたときには「ルールを守ってえらかった。楽しかったよ」ときちんとほめてあげましょう。

学校 ルールを破ると友達がどんな気持ちになるのか、クラスで話しあう時間をつくりましょう。また、ゲームのルールを子どもたちで話しあって決め、本人の提案も取り入れておこなうと、ルールを守ることが意識されやすくなります。この際、教師はうまく話がすすむようにサポートします。

ルールを守ってえらかった。楽しかったよ

兄弟からも気持ちを伝える。ときには子どもたちでルールを決めさせる。

それは難しいと思う
手を使わないのはどうですか?

34 集団の登下校ができない

気になる言動

列に並んで歩けない
集合時間に遅れる
列から離れて遠くに
行ってしまう

確認

- □ 注意がそれやすくありませんか。
- □ 場面や状況に応じてがまんできますか。
- □ 生活リズムは整っていますか。

主に小学校では、近くに住んでいる地域の子どもたちが班をつくり集団で通学路を登下校する場合があります。登下校時の交通事故や犯罪から子どもを守ることを目的に、子どもたちだけでおこなったり、保護者同伴でおこなうときもあります。様々な年齢の子どもたちで班が構成されている場合が多く、低学年の子にあわせて行動したり、班長や大人のいうことを聞いてルールを守って行動する必要があります。

そこで、ほかの人のペースにあわせて列に並んで歩くことができなかったり、友達に会うことでうれしくなりおしゃべりに夢中になったり、ちょっかいをだしたり、一人でどこかに行ってしまう子どもがいると、同じ班の子どもだけでなく、地域の人々にも迷惑がかかってしまいます。さらに事故に結びつく可能性もあり、たいへん危険です。

ほかの人と同じペースで歩けず速く歩いてしまう子どもは、まわりの人の状況を察することが苦手かもしれません。また、早く学校に行きたい、家に帰りたいという理由があってそのような行動になっている場合もあります。なかには、一番先頭を歩きたがる子どももいるかもしれませんが、うしろにいる子どもたちや周囲の状況にきちんと注意を払うことができないと危険です。また、生活のリズムが整っていないことから早起きができず、集合時間に遅れてしまうこともあります。

集団の登下校がきちんとできないと事故などの危険に結びつく可能性があるので、状況をよく観察しておく必要があります。

ワンポイント
アドバイス

子どものいる家庭同士の近所づきあいを大切に!!

●理由を考えてみる

集団の登下校ができない子どもの原因は様々で、その原因を家庭からの情報も含めて明らかにしていく必要があります。そこで、はじめは教師や保護者が一緒におこなうことが大切です。例えば、登校であれば早く学校に行ってクラスで飼っている金魚の様子をみたい、下校であれば、好きなテレビの時間がある、早く帰ってゲームがしたいといった理由からルールにしたがえない場合があります。

家に帰ってからのスケジュールが詰まっていて、本人なりに何とか時間をやりくりするためにおこなっている可能性もあるかもしれません。そうした場合は、家庭でのスケジュールを見直すことも必要になってきます。

●依頼しやすい関係づくりを

世話をしてくれたり、注意してくれる顔見知りの同級生や近所のお兄さん・お姉さんがいることは、本人にとっても安心感が得られます。また、周囲の子どもたちを通じて、その保護者から直接子どもの登下校の様子について情報収集ができる、保護者同士が顔見知りになって依頼しやすい関係性をつくっておくことも有効な支援につながります。

誤解! 安全な方法は一つだけ?

集団の登下校は、登下校時の交通事故や犯罪から子どもを守ることに目的がおかれていると思います。ほかにも、上級生が下級生の面倒をみるといった教育の一環としておこなわれている面もあるかもしれません。

しかし、いろいろなことを考慮しても安全に登下校できない場合は、学校と保護者が話しあって安全な形をとるべきです。また、楽しい気持ちで学校に来ることも大切です。本人もまわりの子たちも学校に来るまでに疲れてしまうようでは、集団登校の意味がなくなってしまいます。

家庭では生活リズムを整える。教師は登下校のルートを一緒に確認する。

えらいね
7:00~8:00 勉強
8:00~9:00 ゲーム
9:00 寝る

公園で遊びたかったんだなあ

1 自分をコントロールする力が弱い

家庭 集合時間に遅れる子どもは、夜更かしをして朝起きられないことが原因になることが多いです。一日のスケジュールを立てて寝る時間を決めて、それにそって行動できるように促しましょう。きちんとできたらほめてあげましょう。

学校 教師も登下校を一緒に行動し、できない理由を確認しましょう。子どもが気になる店や公園などに寄り道してしまうことが原因の場合は、通る道が変更できないか検討します。また、ルールを守らないと非常に危険であることをクラスで話しあい、どうしたらよいかを書き出しておきましょう。しばらくは教師や大人が一緒に登下校し、ルールを守るよう促しましょう。

段階を踏んで親離れを促す。集団のなかで役割を持たせるのも効果的。

今日は集合場所までね

三年生は一年生と手をつないで行きましょう

2 自尊心が育っていない

家庭 親の干渉が多く過保護な場合に、子どもの自尊心は育ちづらくなります。親がいないと安心できず、いつまでたっても親と登校することを要求したりします。そのときは一気にやめるのではなく、「今日は○○まで一緒に行くよ」と事前に伝え、友達と行動できたときにはほめてあげましょう。

学校 自尊心の高い子どもは、「一人で行ける」と勝手に行動してしまう場合があります。もう一度きちんと集団で登下校する意味を伝え、一人ひとりが役割を持っていることを認識させましょう。交代で役割を任せることも、自覚を持たせるきっかけになります。

苦手な感覚がルートにないか確認する。原因を取り除けなければ、無理強いしない選択も。

3 感覚面の偏り

家庭 工事の大きな音がする、狭い道を友達と寄りそって歩くのが嫌など、聴覚や触覚面に苦手さがあるとそれを避けるために皆と一緒に行動できない場合があります。考えられる原因について子どもに直接聞いて確認してみましょう。また、苦手な感覚がある場合は教師に伝えて、考慮してもらうようにしましょう。

学校 苦手な感覚が原因で集団の登下校ができない場合は通る道を変更するなどして、その原因を排除できるように検討します。原因を排除することが難しく、感覚への強い拒否や恐怖がある場合は、集団での登下校そのものを継続するか否かを検討したほうがよいです。

どんな危険性や困ることがあるかを具体的に伝えていく。

4 相手の気持ちを読み取りにくい

家庭 ただ怒るだけでなく、ルールを守らないといろいろな人に迷惑をかけてしまうことをきちんと伝えましょう。そのときに相手がどんな表情や気持ちなのかも伝えます。一緒に登下校した友達から、どう思ったかを本人の前で話してもらってもよいでしょう。また誰のうしろで歩くかを決めて、そのルールを守って行動できたときは「ルールを守れてえらいね」と具体的にほめてあげましょう。

学校 クラスの皆で、登下校時のルールを確認しましょう。よくない行動とは何か、よくない行動をするとどんなことが起こるかを話して書き出してみます。よくない行動によって自分や他人がどんな困った状況になるかを確認しておきましょう。

35 一方的に自分のことを話す

気になる言動

質問にうまく答えられない

一方的に自分のことは話すが、相手の話は聞かない

確認
- □ 相手の話を聞いていますか。
- □ 相手の話を理解していますか。
- □ 興味・関心の幅が狭いですか。

子どもは学校であったことや、家であったことを大人に話してくれます。およそ三歳をすぎると見聞きしたことを大人に話し、およそ四歳すぎには経験したことをほかの子どもに話したり、テレビでみたことを話題にして友達同士でコミュニケーションをとるようになります。幼児期にはすでに一つの話題で相互に話をする、やりとりが成立するようになりますが、これは相手の状況を互いに感じ取り、会話が続くように配慮できるようになるからです。

しかし、この時期をすぎても、一方的に自分のことだけを話す子どもがいます。自分の興味や関心のあることをだけを話し、いい終わるとその場からすぐにいなくなり相手の反応は気にしていない様子がみられたりします。話されたほうは、何だったのだろうかと不思議な気持ちになりますし、それが何かに集中しているときや、ほかの人と話をしているときであれば非常に迷惑なことになります。

そうした子どもの多くは、相手の気持ちを読み取りにくかったり、その場の雰囲気を感じ取る力が弱いことがあります。また、なめらかに話をしてきますが、こちらが話しかけるとうまく答えることができなかったり、こちらのいったことを聞き取ることや、理解することができなかったりなど、言語面の弱さを持っている場合もあります。

まずは子どもの興味や関心が何かを把握しておきましょう。そして、共通の興味や関心がある大人や子どもとかかわる場面を設定するのもいいでしょう。本人が興味・関心のある事柄であれば、他者の話も聞きやすくなります。

さらに、会話をする際のルールを教えていくこととともに、実際の話し方も伝えていく必要があります。

ワンポイントアドバイス

一方的に話すのはどんな場面か観察する

自分で決められずワンパターンな対応に

子どもが一方的に話しかけてくるのはどんな場面か、そのときの状況をよく観察しておく必要があります。自由な時間に起こっている場合は、状況にあわせて自分で考えて行動することができず、決まったパターンで人とかかわろうとしている可能性があります。その場合、やることをみつけて提示し、一緒におこなってあげることが必要です。

何かをしなければいけないときに、その課題から逃げるために話をしている可能性もあります。その場合は、課題やその状況が本人にとって難しいものであることが考えられるので、内容を検討してみる必要があります。

話し続けるのは困っているサインかも？

かかわり方としてよくないのは、「うるさい！」など、怒るだけになることです。話し続けるのは本人が困っているサインだと思って対応しましょう。

先生と一緒にお花に水をあげてくれる？
ウロ
ウロ

誤解！

話をすることと、相手の話を理解できることは違う

話をしてくることと、相手の話を理解できていることは違います。一方的に話す子どものなかには、言葉の発達に心配な面がある子どもも少なくありません。例えば、話をしてきた内容について質問をしたりすると、黙って困った表情になったり、その場からいなくなったりすることがあります。そのため、言葉の発達状況を正確に評価し、必要であればそれに対しての適切な指導を受けることが大切です。

自由時間をもてあましてしまう子どもには見通しを立てたり、役割を与えてみる。

料理が終わって
三時になったら
お話を聞くね
今日の
休み時間は
皆で花壇の
草とりをします

1 自分をコントロールする力が弱い

家庭 話をしてくることに対して、「うるさい、静かにして」とだけいって嫌な顔をしていませんか。例えば「洗濯が終わってから、○時にお話を聞きます」と、いつまでがまんすればよいかわかりやすく提示しましょう。時間を持て余しているようなら、その間、家のお手伝いをしてもらうのもよいでしょう。

学校 授業中などのやることが決まっているときではなく、休み時間などの自由な時間で何をしたらよいのかがわからず一方的に話しかけてくる場合が多いです。ほかの子と一緒に遊べる状況や役割を与えて、やることをはっきりと示してあげるとよいです。

家事を一緒に取り組んでみたり、教師はクラスメイトとの共通の話題づくりを工夫する。

ありがとう
助かったよ
いくつくらい
でてましたか?
今日
じゃがいもの芽が
○個でていました

2 自尊心が育っていない

家庭 自分に自信の持てない子どもは、新しい活動に取り組むことが難しく、同じことを何度も繰り返しおこなったりしますが、一方的に話すことも同じです。家庭でもお手伝いなど一緒にできる活動をおこない、できたときは「うまくできたね、ありがとう。助かったよ」とほめてあげましょう。

学校 自分のなかで一番自信のある話をすることで人とかかわろうとしますが、人と会話することは苦手なので、一方的な話となってしまいます。人とのかかわりを求めていることが考えられますので、クラスの皆が興味を持っていること、例えば動物や植物の観察などの報告係をほかの子どもと一緒におこなわせて話をする機会を設けてみると、共通の話題になると思います。

対人スキルでなく言語や感覚に対するサポートをする。

3 感覚面の偏り

家庭 **学校** 感覚面の問題で聞く力が弱い場合には、相手が話している内容を理解できずに自分勝手な話をしてしまうこともあります。また、感覚過敏などがある場合には、相手のことを気遣うことができずに衝動的な行動をしてしまう場合もあります。これらの場合は対人スキルの問題ではなく、静かな場所で話をする、本人に聞こえているか確認する、大人がわかりやすく伝え直す、苦手な音や声があれば遠避けるなどの言語面や感覚面でのサポートを優先する必要があります。

話しかけていいとき悪いときの相手への声かけなどを学ぶようにする。

4 相手の気持ちを読み取りにくい

家庭 一方的に話をすると、話された人は困ってしまうことをはっきりと伝えます。ほかの人と話しているときや、仕事や勉強をしているときは話しかけないほうがよいことを伝え、話をしてよいかの確認をとれるように、声のかけ方を練習しましょう。

学校 一方的に話をしたら、相手が嫌な気分になることを伝えます。そして、例えば一日一回は相手の話を聞くといった目標を立てて、できたらチェック表にシールを貼るなど、あとで頑張りを振り返りやすくしましょう。また、子どもがやっている行動を教師がおこない、本人には一方的に話しかけられる役になってもらい、本人はどう思ったか、どのように声をかけるとよいかというロールプレイなどを通じて、正しい会話の仕方を指導しましょう。

36

話してよい・悪いの区別がつかない

気になる言動

人の話に
割って入る

思ったことをすぐ口にする

先生が話しているのに、勝手に話し出す

確認

- □ 他人に対して思ったことを何でも口にしますか。
- □ 場面や状況に応じた態度がとれますか。
- □ 人の話を最後まで聞いていることはできますか。

　授業中や朝礼・集会など、先生が話をしているときに、黙って聞いていることができず、話し出してしまう子どもがいます。特に静かにしていなければいけないところで質問をしたり、先に答えをいってしまったり、ちょっとした間違いを大声で指摘したりなど、場の雰囲気を読めず、話してよい・悪いの区別がついていないようにみえます。そうした子どもは、隣の友達とおしゃべりをはじめたり、聞いている話題に関連したことで話し出すことも多いようです。授業参観に行ったときに自分の子どもにそうした様子がみられると、親は非常に肩身の狭い思いをします。

　また、大人が話しているときだけでなく、クラスメイトが話しているときにも同様の様子がみられ、話に割って入ったり、話の主導権を奪い取ってしまったりします。これらが続くと、ほかの子どもたちはその子どものいるところで話をしないようにしたり、その子どもを避けたり、無視したりする可能性もでてきます。

　こうした様子は、自分をコントロールする力が弱く、話すという行動を抑制するのが難しいことが原因と考えられます。また自分の行動によって相手が嫌な思いをしたのだと察したり、表情に表した様子を読み取ることが難しい場合

ワンポイント
アドバイス

話してよい内容かあえて教えていく必要がある

●話してよい・悪いの区別

話してよい・悪いの区別がつかないということは、①今、話してよいかわからない、②内容がその場面で話してよいことかわからない、と大きく二つに分けることができます。どちらも相手や周囲の人をイライラさせたり、嫌な気持ちにさせてしまいます。①は、今ではなくいつならよいのか、どんなときはだめなのか言葉で説明がつき、合図を送って気づかせるといったかかわりができます。

●暗黙の了解もあえて教えていく

しかし②は、言葉で説明しづらいことが多いです。例えば、お尻の大きいおばさんがいて、「おばさんのお尻が大きいね」と本人に聞こえるようにいうことは、悪意がなくても相手に対して失礼でよくないこととなります。こうした状況は幼児期初期の子どもにはみられることですが、学齢期前になれば教えなくてもわかるようになり、暗黙の了解となります。

しかし、②のようなときに話してよい・悪いの区別がつかない場合は、あえて子どもに教えていく必要があります。人の容姿や行動は目につきやすく、そのパターンはたくさんありますが、一つひとつ教えて理解させることで、判断力が汎化されやすくなります。

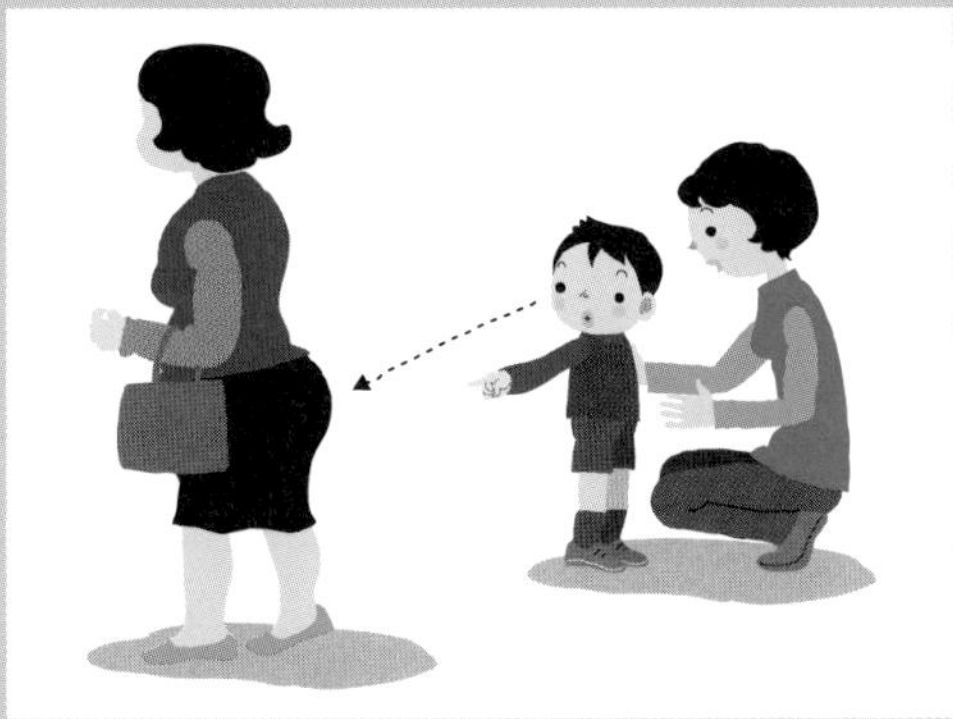

もあります。

しかし、人への関心や活動への興味が高いこと、人の話を聞くことができる、自分の考えを述べることができるといったよいところがあるので、そのよい部分がいかせる行動をとれるように介入する必要があります。

誤解!

学齢がすすんでも気づかないことも

子どもが口にだしていったことが相手に嫌な思いをさせたとしても、相手が大人の場合は笑ってすませたりできます。しかし、大人になってからもそういった問題を持ち続けていることは、社会生活に大きな影響を及ぼします。

学齢前になったら、相手の気持ちを考えるように指導してあげることが大切です。また、そのような行動を子どもがとったときは、親が相手に対して謝ることも大切です。その姿をみて、子どもは自分の発言がよくないことなのだと理解することにつながります。

怒って止めるのではなく、ルールを決めたりジェスチャーで示すことで理解を促す。

1 自分をコントロールする力が弱い

家庭 人が話しているときに割って入る場合は、「人が話しているときは待ちましょう」とルールを提示します。また、実際に割って入ってきた場合はそのルールを気づかせるような声かけをします。がまんできたときは、「待つことができたね。えらいね」とほめて、必ずあとで話を聞いてあげましょう。

学校 ルールを守れるようなはたらきかけをし、うまくできたらほめるようにしましょう。「静かに！」といわれると怒られたと受け取ってしまうので、今は黙って聞くときであることを視覚的にわかるようにジェスチャーやカードを使って、行動を改める合図を送るとよいです。これもできたときにはほめてあげましょう。

相手の欠点を口にするときは、相手のよい部分を一緒に考えてみる。

2 自尊心が育っていない

家庭 子どもが人の欠点や失敗を口にだして指摘する行動に対して親は叱りますが、それだけでは自尊心がさらに低下してしまいます。例えば相手のよいところは何かを子どもと一緒に考えて、その内容を相手に伝えてみるように促します。よい行動ができたらほめて、少しずつ自信が持てるようにかかわりましょう。

学校 自尊心が高すぎると、自分のほうがよく知っている、できるという自信から先に答えをいったり、話の主導権をとってしまったりします。少しずつがまんできるようにかかわり、がまんできたときにはほめてあげましょう。また、別に発表する場を設けてあげると満足する場合があります。

人の話や音が聞こえているか、きちんと確認しておこう。

3 感覚面の偏り

家庭 学校

聞く力が弱い場合には、相手が話していることに気がつかず自分勝手に話し出してしまうことがあります。人の話が終わってから話すというルールを理解している場合は、視覚的に「今、話しています、静かにしてね」ということがわかるようなジェスチャーをだしてあげましょう。聞く力の弱さには、機能的に問題がある場合と他者に注意を向けるのが苦手なことから起こっている場合とがあります。いずれにしても、こうした様子がみられたときには教育相談機関に行き、その原因を明らかにすることをおすすめします。

友達からも嫌とはっきりいってもらうようにするほうが、事が大きくなるのを防ぐ。

それは君が太っているからだよ
そんな風にいわれるのは嫌だからやめてほしい

4 相手の気持ちを読み取りにくい

家庭 理由が説明できるものは、例えば「お母さんが電話をしているときは話しかけてはいけません。相手の人の話が聞こえなくなるので」などと、理解できるように説明しましょう。相手がいわれて嫌な内容は一つひとつ説明し、友達が嫌な思いをすると自分とかかわることを嫌がって、結局は自分が困ることを伝えましょう。

学校 相手の気持ちを読み取りにくい子どもは、自分の行動や発言で相手がどう思うかを推測することが苦手です。嫌な気持ちになった場合は、はっきりと本人に伝えてもらうように周囲の人に話しておきましょう。お互いに嫌な気持ちが大きくならないように、教師の介入が重要になります。

37

冗談を真に受ける

気になる言動

冗談を文字通りに受け取る

冗談に対して怒りだす

確認

- □ 何をいわれても真に受けて信じますか。
- □ おもしろい、おかしい話を楽しめますか。
- □ 相手の気持ちを読み取れますか。

冗談とは、ふざけていう話、ふざけてすることなどの意味があります。それは、人との会話やかかわりのなかで、人を笑わせよう、楽しませようとしておこなわれ、なごやかな雰囲気をつくりだして、コミュニケーションを円滑にするための一つの方法です。冗談を受け取る側も、それを理解してほほえんだり、冗談で返したりします。

三歳くらいまでの子どもは、相手の話を真剣に聞いて信用し、疑わないので、例えば「悪いことをするとお化けが食べにくる」というと信用し、悪いことをしたときに「お化けに食べられちゃうよ」というと行動を改めようとします。以降、嘘と本当の区別ができるようになり、そういった言葉は通じなくなります。相手のいったことと過去の経験とを照らしあわせ、本当にそうなのかどうかを、いった人の表情や周囲の雰囲気も加味して瞬時に判断します。

しかし、**学齢期になっても冗談を冗談だと受け取ることができず真に受けてしまう子どもがいます。こういった子どもは、相手の気持ちを読み取ったり、場面の雰囲気を読み取ることが苦手なことが多いです。**相手の言葉をその通りに受け取り、疑うことをせずに行動して、困難な状況に陥ってしまう場合があります。また、なごやかな雰囲気になるはずが突然怒りだし、冗談をいった人に注意をしはじめたりすることもあります。

冗談だとわかることは社会生活のなかで必要な能力ですが、感覚的なことは目でみえるものではありません。そこで、自分でいくつも推測して最終的に判断するわけですが、他者が相手の気持ちを推測するのを指導したり、自ら学んで身につけていくことは非常に難しいことです。感覚的に受け入れられない段階では、冗談で使われる言葉を挙げて、例を示してあげる必要があります。

ワンポイント
アドバイス

双方の信頼関係と理解力・想像力が必要

●文字通りとらえる子ども

冗談が通じない根底に、言葉を文字通りにとらえる特徴を持っているということがあります。言葉の含みや本当の意味がわからず、相手がいった通りに理解するのです。

発達障害であるアスペルガー障害（自閉症スペクトラムの一つ）の子どもたちがこのような特徴を持つことが多いといわれています。疑わずに言葉をそのまま信じてしまう傾向にあるので、大人では悪い人にだまされてしまって、高い買い物をさせられるケースもあるようです。

●根気強く丁寧な対応を

冗談を理解することは、コミュニケーションを円滑にする一つの方法ですが、双方の信頼関係と理解力や想像力が必要です。例えば、昔話などの読み聞かせを通じて、その話は何を伝えようとしているのかを教えたり、一緒に考えてみたりするとよいでしょう。

また相手がいった冗談を誤解して受け取ってしまっている場合は、第三者がその誤解を解くように介入する必要があります。それはどういう意味なのか、相手がどんな気持ちでいったのかを丁寧に説明し、双方の関係が悪くならないように対応します。

誤解！

お互いに楽しくなければ悪口になる

冗談は、お互いに楽しい気持ちになるから成立するものです。相手もおもしろいと思えないものをいうことは、冗談にはならず、悪口やからかいになります。

冗談の通じにくい子どもに対し、冗談をいうことはいじめになりかねません。いっているクラスメイトもいじめだと気がつかないで使っている場合がありますので、教師が状況をよく観察して理解を促していくことが大切です。

まずは家族のかかわりのなかで、冗談を理解してもらうことが大切。

笑わそうと思ったんだけどな

1 自分をコントロールする力が弱い

家庭 冗談に対して怒ったり、注意しだす場合があります。だますつもりでなく笑わせるつもりだったこと、そういうものを冗談だということを伝えましょう。信頼のおける家族のなかからまず理解してもらうことが必要です。

学校 冗談だとわかったあとで、怒って興奮しだす子どもがいます。だまして陥れようとしたり、馬鹿にしようとしたわけではなく、笑わせようとするためにいったということを伝えましょう。しかし、その子どもと普段からかかわりが少なく信頼関係が築けていない場合には、冗談をいうのはやめたほうがよいでしょう。

学校の様子を把握するために、日頃から一日の出来事を話してくれるような関係性を築く。

……
何か困っていることはない?

たわしみたい!

2 自尊心が育っていない

家庭 自尊心が低いと、冗談で笑われたこと、いわれたことで深く傷ついてしまう場合があります。特に、学校であったことは本人が話さない限りわかりません。普段から困ったことは自分から親に話せるようなかかわりをしておく必要があります。

学校 自尊心が低いと、友達にいわれた冗談で深く傷ついたり落ち込んでしまう場合があります。冗談をいったあとの反応をおもしろがってちょっかいをだしてくるクラスメイトがいるかもしれません。冗談が理解できないと笑われたことでさらに深く傷ついてしまいますので、そういった子どもがいる場合には注意深く友達関係を観察する必要があります。

いつもよりも好きなことに執着するのは不安の表れかも。

いつも〜して○○みたい
○○じゃないもん

3 感覚面の偏り

家庭 冗談で深く傷ついたり落ち込んだりしたときは、好む感覚に執着してしまう場合があります。うまく話ができなくてもそういった様子から、気持ちの不安定さをはかることができる場合があります。そのようなときは寄り添って、不安を取り除いてあげましょう。

学校 感覚面の偏りのある子どもはそれを冗談のネタにされる場合があります。本人が気にしていることであれば、クラスメイトにやめさせるようにしなければいけません。教師は子どもの感覚の特性を把握し、対応していく必要があります。

物語の登場人物や実際に困っている友達の気持ちを一緒に考えることで、経験につなげていく。

何でそんなことをいったのかいろいろ挙げてみよう
○○かな?

○○くんには冗談をいわないようにしよう

4 相手の気持ちを読み取りにくい

家庭 親は子どもに本を読み聞かせたり、一緒に読んだりしてみましょう。登場人物や書かれている内容が把握できていれば、場面ごとに登場人物の思いや気持ちを考えてみます。最初はやさしい内容からはじめてみるとよいでしょう。また、実際に友達にいわれたことで困ったり悩んだりしているようであれば、そのお友達の気持ちを一緒にいろいろと考えてみます。このように人の気持ちを推測することは、経験につながっていきます。

学校 相手の気持ちが読みとりにくい子どもは、冗談に対して怒りだし、友だちとトラブルを起こすことがあります。その場合、教師が誤解を解くように間に入ることが必要です。お互いの気持ちを教師が言葉で説明し、クラスメイトにはその子ども個人に向かって冗談をいわないように伝え、本人にはいった子どもに悪気はなかったことを説明し、それ以上関係がこじれないようにしましょう。

38

友達の輪に入れない

気になる言動

友達が遊んでいるのを
少し離れてみている

たくさんの人が
走りまわっている場面を怖がる

確認

- □ 人見知りをしますか。
- □ 騒がしいところや人の多いところは苦手ですか。
- □ いじめられた経験がありますか。

子どもは一歳をすぎるとほかの子どもに関心を示し、二歳前後には友達と手をつないだり、追いかけっこをしはじめます。子どものなかには自分から積極的に同年齢の子を遊びに誘ったり、仲間に入れてもらえるように行動できる子もおり、およそ三歳で「〜しようか」と誘いかけることができ、およそ四歳で友達を自分の家に誘うようになり、およそ四歳半でほかの子の遊びに加わるときに「入れて」というようになります。しかし、なかには友達が楽しく遊んでいる輪に入っていくことができず、そのまわりで静かに様子をみているだけという子どももいます。

そのような子どもは、**消極的で元気がなく、引っ込み思案なことが多く、自分から話しかけたりすることができず、仲間に入るきっかけを自らつくることができない場合があります。**また、相手から誘われて遊びの輪に入ったとしても、やり取りを積極的におこなえない場合には遊びが続かず、いつの間にか一人になっていたりします。また、**自信のないこと、経験のないことは失敗を恐れて挑戦することを嫌がり、消極的な行動となっている場合もあります。**

仲間に入る方法は知っており、友達と遊ぶことも好きですが、遊びの種類により傍観してい

ワンポイントアドバイス

ほかの子どもに関心がない場合も

●友達の輪に入らない理由はいろいろ

子どもが友達の輪に入れない理由はいろいろあります。次頁にある原因別のサポート法では、子どもが友達に関心があるのに輪に入れないという前提で書いていますが、ほかの子どもに関心がなくて、輪に入らない場合もあります。この場合は、入ったり、入れてもらったとしても遊びが長続きしません。まず大人との一対一のかかわりを楽しめ、その大人とのかかわりを通してほかの子どもへの興味を引きだしていく必要があります。例えば、子どもの好きなボール投げを、ほかの子どもも一緒に入っておこなうなどして、ほかの子どもへの関心につなげていきます。

また、子どもの発達レベルがほかの子どもに比べて差があることも、原因になる場合があります。この場合も、たとえ友達の輪に入ったとしても遊びが長続きしなかったりします。しかし輪に入れない子どもにあわせてばかりいると、ほかの子どもがおもしろくなくなってしまい、遊びが発展していきません。本人の発達にあった活動と、ほかの子どもたちの発達レベルにあった遊びの両方を取り入れて提供していく必要があります。

る場合もあります。特に、静かに座って絵を描く場面などはよいですが、たくさんの人が走りまわっているなかにいることが怖いと感じる子どももいます。そうした場合には、無理に活発な遊びに誘うことはさらに恐怖心をあおることになってしまいます。本人のペースにあわせてあげましょう。

誤解！

最初から友達同士で遊べない

子どもははじめから友達と遊べるわけでなく、発達段階があります。二～三歳くらいの時期は、人の遊びを傍観している「傍観的遊び」、ほかの子どもと同じ遊具や道具を使って遊ぶが仲間には入らない「平行遊び」という時期があります。三～四歳になってようやくほかの子どもと一緒に遊ぶ「連合遊び」がみられます。

また、友達と遊ぶことは子どもの性格や兄弟の有無など様々な要因が影響してきますので、年齢や個人の要因も考慮して対応していく必要があります。

一緒に遊ぶと楽しいと実感することで、積極性を育む。

入れて

○○ちゃんも仲間に入れてくれるかな

1 自分をコントロールする力が弱い

家庭 近所や親戚、知人の家族と一緒に遊ぶ機会はあるでしょうか。その際は、自分から子どもたちの輪に入っていくようにすすめてみましょう。難しい場合は親も一緒に入って子どもたちと遊びましょう。楽しく遊べることがわかれば、少しずつ自分から輪に入っていこうとします。

学校 自分から思い切って話しかける勇気がでず、友達の輪に入れない場合があります。教師が仲介役になって、一緒に遊ぶきっかけをつくってあげましょう。また、しっかりしているクラスメイトに遊びに誘ってあげるよう、話しておくことも有効です。

成功体験を積んで自信をつけさせると外の世界へ目が向きやすくなる。

上手にできたね

楽しそうだね。できそうかな?

2 自尊心が育っていない

家庭 自分に自信のない子どもは、うまくできないことを心配し、人と遊ぶことを避けている場合があります。まずは親との遊びのなかで成功体験を多く積ませてあげましょう。また、新しい活動や苦手な活動に少しずつ取り組み、自信をつけさせてあげましょう。

学校 うまく話せるか、うまくできるかを心配して、友達の輪に入れない場合があります。本人の能力にあった活動を設定する、内容を変更できないようであれば、援助しながら活動に参加してもらいましょう。まずは少しでもできるという気持ちを持ってもらうことが大切です。

相手だけでなく、遊びや課題自体が苦手なこともあるので注意する。

3 感覚面の偏り

騒がしいところが苦手だったり、ベタベタするものを嫌がったりしませんか。それらが原因で友達の輪に入れないこともあります。

家庭 家庭でみられる感覚面の偏りについては、学校に連絡しておきましょう。無理に経験させるとかえって拒否が強くなりますのでやめましょう。

学校 その場の状況や課題内容に苦手な感覚が含まれていて、結果的に友達の輪に入れないことがあります。例えば、走りまわっている人がいる体育館が苦手な場合は、人の少ない静かな教室で友達と遊ぶ機会をつくるなど、苦手な感覚について除けるものは除いていきましょう。

親子関係をしっかり築けば、子どもは外の世界へ踏み出せる。

4 相手の気持ちを読み取りにくい

家庭 友達の輪に入っていくことが苦手な子どもは、親から離れることに不安を示すことが少なくありません。そうした場合は、まず親との信頼関係を築くことが先です。親子で遊ぶ、親が近くにいる状態でほかの子と遊べるといった段階がクリアできているかを確かめてから、次の段階にすすみましょう。

学校 自分が友達に受け入れてもらえるか不安がある場合には、まずは受け入れてもらえたという経験が必要です。自分から「入れて」といえることも必要ですが、一緒に楽しく遊べたかどうかが重要ですので、教師がサポートしながら遊んだり、活動のレベルを子どもにあわせておこなうことが必要です。

39

友達とのけんかが絶えない

気になる言動

相手の気持ちを考えずに発言する

いつも自分の主張を押し通したがる

確認

□ 年齢に応じた会話ができますか。

□ ルール通りでないと気がすまないですか。

□ 感情的になりやすいですか。

集団生活のなかで友達と仲よくやっていくことは大切です。しかし、友達とのけんかの経験は、自分とは違う考え方や意見を知る機会にもなりますし、それを解決していく力は将来、社会に出ていくときにも必要な能力になります。ただし、それが頻回に起こっている場合は、友達と遊ぶ機会を奪ってしまうことになりますし、いつも大人が仲裁に入れるわけではないので、相手に危害を加えてしまうようなことは避けたいものです。

　子どもはおよそ三歳でけんかをすると大人にいいつけにきて、およそ四歳半で友達と互いに主張したり、妥協したりして遊ぶことができるようになります。およそ五歳では、禁止されていることをほかの子どもがやったときに注意するようになります。この時期の子どもは自己主張とともに相手の状況も考えることができるようになりますが、ルールはきちんと守らなければいけないと、それにしたがって行動するようになります。よって、いつも自分の主張を押し通したり、ルールを守らなかったりした場合は、相手から批判を受けてけんかに発展する場合があります。また、相手の気持ちを考えずに発言したり、行動していることが原因でけんかになる可能性があります。故意ではなくとも相手の嫌がることをしていたり、自分が嫌なことをされている場合もあります。
原因を明らかにしないと、その対処方法はみつからないので、子どもの様子をよく観察する必要があります。

ワンポイント
アドバイス

気持ちを受け止めてあげることが大切

●暴言で表現している

けんかが絶えない子どもは、言葉で表現することが苦手な場合が多いです。自分の気持ちを暴言や暴力にかえて表現しているのです。しかし殴る、叩くといった行為はけがにつながるので、そこまで発展しそうな場合は、その前にけんかをやめさせることが必要です。

●寂しさなど抑えている感情がありますか

親や教師にしかられることが多かったり、感情を抑圧せざるを得ない場合に、子ども同士の関係のなかで無意識に「けんか」という形で自分自身を解放しようとしているところがあります。子どもが何をしたかったのか、なぜしたかったのかという気持ちをしっかり聞くことが大切になります。

けんかの原因や本人のいい分を聞いて、イライラした気持ちを受け止めてあげましょう。そのときの状況や順を追って言葉でうまく説明できない場合は、子どもが断片的にいったことを大人が絵に描いて、「こういうこと？」と確認しながら話を整理してあげるとよいです。自分の気持ちを理解してくれる先生や大人がいるとわかるだけでも行動が落ち着く場合があります。

また、生活習慣が整っているかも確認します。例えば、夜更かしをして寝不足だったり、朝食が食べられない場合などはイライラしやすくなります。

誤解！ 意見のぶつけあいは悪いことではない

自分の意見をぶつけあうようなけんかは悪いことではありません。しかし、ただののしりあいや殴りあいになっているようであれば、大人が介入し、それぞれを冷静にさせる必要があります。そして、自分たちで解決策がみつからなければ、大人が提示してあげることが大切です。

また、暴力や暴言をふるう側がいつもけんかのきっかけをつくっているとはかぎりません。毎回、原因を明らかにして対応しましょう。

そういうときはね、相手にこういうんだよ

思いの伝え方についてモデルを示す。暴言を伴うけんかは早期の介入を。

ハイ、終わり
バカ

1 自分をコントロールする力が弱い

家庭 何が原因でけんかになるのかを本人によく聞いてみましょう。けんかすることを頭ごなしに叱るのではなく、何が悪いことなのか冷静に評価し、本人に伝えましょう。自分の気持ちをうまく表現できない可能性もあるので、どう相手に伝えたらよいかモデルを示してあげましょう。

学校 けんかになる原因をよく観察する必要があります。すぐに手を出したり、暴言を吐いたりする場合は、けんかを長引かせず、すぐに介入し冷静になれる時間を与えてみましょう。

原因を聞く前から怒らない。本人のイライラを受け止めるほうが効果的。

何でお友達を叩くの!
バーカ

どうしてお友達を叩いたの?何か嫌なことをいわれたの?

2 自尊心が育っていない

家庭 けんかの原因がわからないうちに怒るのはやめましょう。自分が正しいと思って行動しているのに親に怒られると深く傷つき、自尊心が低くなってしまいます。間違っている行動であれば、間違っていることを指摘し、どのように行動すべきかを伝えましょう。

学校 自尊心が高いと、人からの指摘や注意を腹立たしく感じて、いい返したり、手が出たりしてけんかになってしまいます。教師は原因を明らかにして対応しましょう。なぜそういう行動をとったのか本人に聞き、イライラした気持ちを受け止めつつ、きちんと評価を与えましょう。そうしないと深く傷ついてしまい、信頼関係がくずれ、かえって反抗的な態度をとったりします。

苦手な感覚が原因でけんかに発展してしまうこともある。

3 感覚面の偏り

家庭 人に触られることを嫌がる触覚の過敏さを持つ子どもや、騒がしいところ、甲高い声に嫌悪感を示すといった聴覚的な偏りのある子どもがいます。それが原因でけんかになっている可能性がありますので、けんかが多い場合は学校との情報交換を密におこなっておきましょう。

学校 触られることに敏感さがあると、人と軽く接触しただけでも叩かれたと誤解してしまい、けんかに発展してしまうことがあります。お互いの気持ちを教師が仲介して伝え、誤解を解いてあげましょう。子どもはなかなか自分で調節することが難しいので、クラスメイトには接し方を説明しましょう。

「なぜ」よいか、悪いかを子どもと一緒に考えることが大切。

4 相手の気持ちを読み取りにくい

家庭 自分の気持ちを伝えるときは、まず言葉で伝える、うまくいえないときは先生にいいにいくといった方法を教えましょう。相手を叩いたり、嫌なことをいうと相手がどんな気持ちになるのか、カードや写真などを使って説明しましょう。

学校 けんかはなぜよくないことなのか、相手がどんな気持ちになるのか、相手をののしったり、叩いたりするのではなく、どういう言葉や態度で自分の気持ちを伝えたらよいのかをクラス全体で考える時間をつくりましょう。また、けんかをみているほかの子どもがどう感じているのかも話しあってみるとよいでしょう。

㊵ 勝敗にこだわる

気になる言動

ゲームのルールを勝手にかえる

不利な状況になると途中でやめてしまう

確認

- □ 自分に都合よくルールを決めたりしますか。
- □ 同年代よりも年下と遊ぶことが多いですか。
- □ 負けそうになると投げ出してしまいますか。

「ルールが守れない」の項目（一四六頁）でも述べましたが、三、四歳の時期になると、ゲームや競技にはルールがあり、それを守らなければいけないことを理解し行動するようになります。なかでも「勝敗のある遊び」は、勝っても負けてもゲームが終了するのですが、勝った場合は楽しい気持ちになりますし、逆に負けると嫌な気持ちになります。およそ四歳で、自分が負けるとくやしがるといった行動がみられてきます。そしてルールを守り、負けることもあることを理解して、どうやったら勝てるようになるかを考え、工夫しながらゲームをおこなうようになります。

しかし、勝敗にこだわり、負けることを受け入れられない子どももいます。そのような子どもは、ゲームをはじめるが途中で自分が不利な状況になると勝手にルールをかえてしまったり、途中でゲームを投げ出してやめてしまう様子がみられます。また、感情のコントロールが難しく、負けてしまうと泣いてすねたり、勝った相手を攻撃することもあります。そのため、まわりの子どもからは自分勝手な子であるとか、ルールにしたがえない子であると認識され、一緒に遊ぶことを嫌がられるようになることもあります。本人はゲームを楽しみたい気持ちがあるのに、そういった場を失ってしまうことになります。

原因としては、自分をコントロールする力が弱いこと、相手の気持ちを読み取りにくいこと、また、気持ちの切り替えや予測する力の弱さも関連しています。負ける経験を通して、くやしい気持ちを大人も一緒に共感することで、時間はかかりますが少しずつ負けを受け入れるようになります。

ワンポイント
アドバイス

勝敗の結果ではなく目的を大切に

勝敗の目的を考える

勝敗のある活動は勝つことを目標にするとモチベーションがあがり、子どもたちの活動への取り組み姿勢もよくなります。よって、集団の活動には勝敗を決めるものが多く、学校などでゲームや競技をおこなう場合には、必ずといっていいほど勝敗が絡んできます。

しかし、ゲームをおこなう目的は何なのか、もう一度考えてみてほしいと思います。目的のなかには、そのゲームで使われる体の動きから運動機能を向上させる、ルールの理解、考える力を育てる、協力する気持ちを育てるなどいろいろな要素が含まれています。しかし、最終的には勝ち負けで結果が終わってしまい、中身がおろそかになっていないでしょうか。

勝敗のない活動も大切

ときには、皆で協力する活動をおこなったり、前におこなったときの結果と今日の結果を比べてみたりして、勝敗を伴わない活動も取り入れてみることが大切です。

誤解!

勝ちたいと思う気持ちは当たり前

負けてくやしがること、勝ちたいと思うことは悪いことでありません。こうした気持ちは、次は負けないようにがんばろう、勝つにはどうしたらいいだろうと試行錯誤することにつながっていきます。しかし、これらは先のみえないことなので、「今わかっているルール」を破ることのほうが簡単に勝利を得ることができ、目先の利益にとらわれてしまう子どももいます。

周囲の子どもたちとの関係も問題になってきますので、まずは少人数の集団である家庭のなかで根気よくかかわっていく必要があります。

勝ち負けでなく最後までやり通すことを目標にしてみる。

お母さんも負けるとくやしいけど、最後までゲームは続けるよ

ゲームは最後までやります。

1 自分をコントロールする力が弱い

家庭 勝敗のある活動は勝つこともあれば負けることもあることを伝えます。そして負けるとくやしい思いがすることに共感し、皆も同じ気持ちになることを伝えます。くやしいときは「もう一回やろう」と提案させて、泣きながらでも「もう一回やる」といえたときにはほめて、満足するまでつきあう場面を設けます。最後は勝たせてあげるとあとを引かず、次の行動や活動に入りやすくなります。

学校 負けそうになっても途中で投げ出さないなど、何か一つ目標を立てて取り組みましょう。できたときはたくさんほめてあげます。負けそうになって感情が高まる場合はルールを思い出せるように、「約束は何だっけ？」などと声をかけて落ち着かせましょう。

がまんしてやりとげる心を育むには、勝敗のない活動が適している。

最後まで泣かないでできたね。もう一回やってみようか

2 自尊心が育っていない

家庭 自尊心が高いと勝ちにこだわる傾向があり、自分の都合のいいようにしますが、ゲームをするなかでルールを守ること、がまんすることを経験させます。くやしかった気持ちを受け止めて、ルールを守りがまんできたときは、しっかりとほめてあげましょう。

学校 自尊心の高い子どもは自分を高く評価しているので、うまくいかないという経験は自分の能力を知る大切な機会となります。活動はルールを守り、最後までやることが大事であると経験させるには、勝敗のない活動を用います。例えば、他者との競争ではなく、距離や時間、回数等を記録し、前の記録よりもよい記録をだすことを目標にして、勝ち負けよりも大切なことを意識させましょう。

集中力を高めるためには環境整備も必要。

3 感覚面の偏り

家庭 学校 感覚の過敏さがある場合には、活動の途中で注意がそれ、集中できない場合があります。このような状況にある子どもは感情のコントロールが難しくなっていることもあり、勝ち負けの伴うゲームは活動としてふさわしくない場合があります。まずは感覚面の偏りに対するサポートをおこなってから、活動へとすすみましょう。また、大好きな感覚刺激を用いるとがまんできることもあります。例えば、タオルを持たせながら、ゲームをおこなってみるなどです。

学校では集団で協力しあうゲームを設定し、勝った人、負けた人の気持ちを発表しあう。

4 相手の気持ちを読み取りにくい

家庭 家族でゲームをしたときに、子どもが負けて泣いている場合は「負けてくやしかったんだよね」と共感し、気持ちを代弁してあげましょう。親が負けたときは、「負けてくやしいけど、次はがんばる」など親が自分の気持ちを表現しましょう。また、勝手にルールをかえられると嫌な気持ちになり、もう一緒にやりたくないと思うことを本人に伝えましょう。

学校 学校で勝敗のあるゲームをおこなう場面でも、かかわる子どもたちがはっきりと「ルールをかえるのはよくない」と伝えあうように話しておきましょう。そして個人戦のゲームではなく、グループで協力しておこなうゲームを設定し、勝ったとき、負けたときの気持ちをお互いに表現し、皆も同じ気持ちになることを確認しましょう。

著者

立石加奈子（たていし・かなこ）

作業療法士。佐賀大学大学院医学系研究科医科学専攻修士課程修了。

2003年労働福祉事業団九州リハビリテーション大学校卒業後、同年社会福祉法人佐賀整肢学園こども発達医療センターに入職し、2013年3月退職。発達に障害のある子どもやその家族に対して、食事・更衣・排泄などの日常生活動作の獲得に向けての支援や、パソコンなどのIT関連技術を取り入れた発達や学習の支援などに取り組んでいる。

中島そのみ（なかじま・そのみ）

作業療法士。札幌医科大学保健医療学部准教授。北海道大学大学院医学研究科博士課程修了。

1992年札幌医科大学衛生短期大学部作業療法学科卒業後、健常児と障害のある子どもが一緒に生活する統合保育をおこなっている聖徳学園なかのしま幼稚園で作業療法士として8年間勤務。障害を持つ子どもの支援や個別指導をおこなうとともに、発達障害リスク児の早期発見に関する調査研究にも取り組む。その後、札幌医科大学保健医療学部作業療法学科助手、講師を経て、現在に至る。主に発達障害領域の作業療法を担当し、書字や描画における手の発達的特徴、不器用さの要因解明とその支援方法の構築をテーマに研究をおこなっている。

編著者

鴨下賢一（かもした・けんいち）

作業療法士。専門作業療法士（福祉用具・特別支援教育）。

1989年静岡医療福祉センター入職。1993年より静岡県立こども病院へ入職し、現在に至る。発達に不安や障害のある子どもたちとその家族への療育指導をするかたわら、特別支援学校等への教育支援、発達障害児に対する福祉機器の開発も数多く手掛ける。日本作業療法士協会制度対策部福祉用具対策委員会委員、日本発達系作業療法学会副会長、静岡発達SIG代表。著書に『作業療法士が行うIT活用支援』（共著、医歯薬出版）、『知りたかった！　PT・OTのための発達障害ガイド』（共著、金原出版）、『広汎性発達障害の作業療法－根拠と実践』（共著、三輪書店）、『発達障害領域の作業療法』（共著、中央法規）、『新生児理学療法』（共著、メディカルプレス）などがある。


（開発に携わった発達障害児に対する福祉機器等）
- 携帯用会話補助装置「トークアシスト」
- 特別支援教育支援具（Qシリーズ）
- トーキングエイド for iPad
- 発達が気になる子への凹凸《おうとつ》書字教材シート

学校が楽しくなる！
発達が気になる子へのソーシャルスキルの教え方

2013年 8 月17日　初版発行
2025年 5 月20日　初版第11刷発行

編著者　　鴨下賢一
著　者　　立石加奈子・中島そのみ
発行者　　荘村明彦
発行所　　中央法規出版株式会社
〒110-0016　東京都台東区台東3-29-1　中央法規ビル
TEL 03-6387-3196
https://www.chuohoki.co.jp/
印刷・製本　TOPPANクロレ株式会社
装丁・本文デザイン　タクトデザイン事務所
イラスト　　あべまれこ
ISBN978-4-8058-3854-9

関連書籍のご案内

発達が気になる子への
読み書き指導ことはじめ

鴨下賢一＝著
定価　本体2,200円（税別）、B5変形判、156頁
2016年6月発行　ISBN978-4-8058-5274-3

発達が気になる子どもに対して、実用的な読み書きの獲得を目指す指導書。すぐに使える教材を収載したCD-ROM付き。

教師が活用できる　親も知っておきたい
発達が気になる子の学校生活における合理的配慮

鴨下賢一＝編著　池田千紗・荻野圭司・小玉武志・髙橋知義・戸塚香代子＝著
定価　本体2,200円（税別）、B5判、198頁
2020年7月発行　ISBN978-4-8058-8159-0

さまざまなハンディをもつ子どもたちの学習機会を奪わないために、学校側ができる配慮の方法を提案した１冊。

家庭で育てる
発達が気になる子の実行機能

鴨下賢一＝編著　小玉武志・佐藤匠・髙橋知義・戸塚香代子・東恩納拓也＝著
にしかわたく＝マンガ
定価　本体1,800円（税別）、A5判、208頁
2020年9月発行　ISBN978-4-8058-8191-0

支援が必要な子どもについて、生活習慣等から実行機能（目的を遂行する力）を向上させ、社会に適応できるスキルを身につける方法を具体的に解説。

教室でできる
タブレットを活用した合理的配慮・自立課題

鴨下賢一＝編著　糸賀孝・小玉武志・善明史恵・髙橋知義＝著
定価　本体2,200円（税別）、B5判、196頁
2022年3月発行　ISBN978-4-8058-8450-8

発達が気になる子のタブレットの使い方、アプリ等を使った合理的配慮のアイデア、自立課題に活用できるアプリを具体的に解説。